JN076205

慣用表現力で話す!
語順マスター英作文
実践

田中茂範・監修
コスモピア編集部・編
編集協力：岡本茂紀

コスモピア

はじめに

英語で何か言おうとしても、なかなかコトバが出てこない。これは、多くの方が感じていることだろうと思います。一方で、比較的軽やかに英語で思いを伝えている人も少なくありません。英語をうまく使っている人の英語に注目してみると、決まり文句を使いながら表現を組み立てていることに気づくでしょう。ここでいう決まり文句のことを慣用表現（formula、formulaic sequence）と呼びます。日本語で言えば「おはよう」「よろしくお願いします」「〜するのはいかがですか」などのように、日々繰り返し使われ、慣用化した表現ということです。第二言語習得研究の分野でも、慣用表現が使えるかどうかが、学習している言語の運用力の鍵になるということから、慣用表現に注目した研究が増えています。

慣用表現は型が決まった表現であることから、身につけてしまえば、それを作り出すのに労力はかかりません。そこで慣用表現にはプレハブ効果があると言われ、文を紡ぎ出す際に多用されます。例えば why don't you...? は、相手に何かを提案する際の典型的な慣用表現です。そこで何かを提案する場面であれば、比較的自由に使うことができます。具体例を示すと、「ふとんを外に干したら」だと Why don't you air out the bedding?、「それをちょっとやってみたら」だと Why don't you give it a try?、「上司と直接話をしてみたら」だと Why don't you talk to your boss in person? といった具合にです。この why don't you...? はいろいろな場面で反復使用されるだけでなく、この表現を聞けば、ただちに「提案」という話し手の意図を読み取ることができます。

このように、慣用表現は文を組み立てる際のプレハブとして使用することができます。それだけではありません。感覚的な言い方をすれば、慣用表現は、言語活動のそこかしこで使うことができるということです。例えば、「彼は政治的立場を変えた」を英語で言えばHe changed his political position. となります。このことに対して、話し手の思いを表現すると以下のようになります。

Frankly speaking, he changed his political position.
（率直に言って、彼は政治的立場を変えた）

Much to my disappointment, he changed his political position.（とても残念なことに、彼は政治的立場を変えた）

ここで、frankly speaking や much to my disappointment が慣用表現です。

それだけではありません。会話の流れを変える際にも慣用表現でそのことを示すことができるし、何かを定義したり、例示したり、ポイントを強調したりといった説明や記述の際にも慣用表現は鍵になります。

本書は、英語の慣用表現を体系的に使うことができるように訓練することに主眼があります。先に「慣用表現はそこかしこで使われる」という言い方をしました。そういう慣用表現を「体系的」に学ぶため、言語表現の場面を４つのパート（part）に分け、それぞれのパートで使われる慣用表現をまとめて提示します。

慣用表現が使えるようになれば、英語で何かを表現するのが楽に感じるようになるはずです。

2021 年 6 月吉日
田中茂範

Contents

Chapter 2 コミュニケーションストラテジー

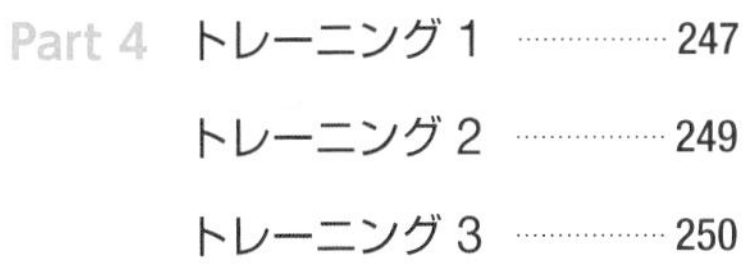

本書の基本的な考え方

慣用表現と慣用表現力

みなさんは、「英語の慣用表現」と聞いて何を思い浮かべるでしょうか。イディオム、熟語、成句、句動詞、定型表現、諺などいろいろな言い方がありますが、これらはすべて慣用表現です。また、英会話の勉強では必ず出てくる「依頼する」や「提案する」などの「機能表現」も慣用表現です。ランダムに英語の慣用表現をリストすれば、以下のように多種多様な表現が含まれます。

> **generally speaking**（一般的に言うと）、**as a result**（その結果として）、**in the end**（ついには）、**look up to...**（～を尊敬する）、**hold back**（尻込みする）、**poor as a church mouse**（とても貧しい）、**Give me a break.**（いいかげんにしろ）、**How about...?**（～はどうですか）、**It doesn't matter if...**（～かは問題ではない）、**cannot help -ing**（～せざるをえない）、**had better**（～したほうがよい〔しないとまずいことになる〕）、**It's no use crying over spilt milk.**（覆水盆に返らず）、**Why don't you...?**（～してはどうですか）

読者のみなさんは、こうした慣用表現をどのように学習しているでしょうか。大学生に聞いてみると、「熟語帳を覚える」と「教科書に出てきた熟語を覚える」のふたつが主な学習方法でした。次に、「熟語をうまく使うことができるか」と聞くと、残念ながら「覚えたけど、うまく使えない」という回答が圧倒的に多く見られました。そして、「英語学習の中での慣用表現がどれぐらい大切と思うか」という質問には、「どちらかといえば覚えたほうがいいけど、単語や文法のほうが重要」という回答が目立ちました。みなさんはいかがでしょうか。

私たちは、日々の会話で、そのつど、単語と文法を使って、自由に表現を作り出しています。これは「自由表現（free expression）」と呼ばれます。有限の単語と文法によって無限の文を創り出すことができるのです。これは、母語であれば、だれでも当たり前にやっていることですが、考えてみればスゴイことです。

しかし、言語活動は自由表現だけで行われるわけではありません。どの言語にも非常にたくさんの慣用表現があります。イェスペルセン*によると、言語は自由表現（free expression）と慣用表現（formula）を両輪として機能します。そこで、英語力を高めるためには、自由表現を作るための文法力と単語力と同様に、慣用表現力にも注目する必要があると考えます。本書は、この考え方に基づいて制作されています。

慣用表現を有効に使って思いを表現する力、これを「慣用表現力」と呼びます。慣用表現力があれば、意図（言いたいこと）を最も的確に表現することができます。例えば、謝罪する際に、日本語では「どうもすみません」（英語だとI'm sorry.）と言いますが、これは謝罪を端的に表す慣用表現です。

日常会話の特徴

英語で日常会話をするためには、日常会話の特徴を押さえておく必要があります。

まず、日常会話は予定調和的には進行しません。話題がどんどん変わります。また、相手の出方に依存する度合いが高く、言いたいことが言えないまま別の話になることがあります。

第二に、日常会話では、瞬発力・即興性が求められます。その都度、時間的な制約を受けながら即興でやりとりを行うということです。そのため、まとまった完全な文を作ることはできず、「断片」を連鎖させながら、言いたいことを言うのが会話の特徴です。必要に応じて、軌道修正がいつでも行われます。

第三に、慣用表現が多用されるという事実です。ある研究によれば、日

＊ Otto Jespersen。デンマークの著名な言語学者。

常会話では慣用表現が 30%～ 40%ぐらい使われていると言われています。と言われても、なかなかピンとこないと思います。

参考として、英語の母語話者同士の会話の一部を見てみましょう。太字の部分は慣用表現とみなすことができます。

S : **Why can't you** change jobs easily in Japan?

G : **Well, for one thing, there is** a bonus system. This is both good and bad. **The good thing is that** we get bonuses! **The bad thing is that** this keeps you in the company, and **you feel like** you can't quit.

L : You feel obligated.

S : **Right. How about** some other reasons?

L : **Well, the, uh, I think the main reason, like you say,** is the bonus system. It gives you an incentive to stay. **Plus the fact that** it's often easier to plan the rest of your life if you stay in the same company... Like, when we **get out of college**, many people are set **in terms of** knowing what kind of company they want to work for. **If** you **get into** a good company, then **that's it**! Then, f**or the next twenty**, thirty years, you can get a house, save money, raise a family... **things like that**.

S: 日本ではなんで簡単に仕事を変えられないの？

G: そうだね。ひとつには、ボーナスという制度があるからね。ボーナス制度にはいい点と悪い点がある。いい点はボーナスをもらえるということ！ 悪い点は、それで会社に留まってしまうということ、つまり、辞められないなと感じること。

L: 義務感を感じてしまうんだね。

S: なるほど。で、他の理由はどうなの？

L: うん、そうだね、ぼくが思うに、主な理由は、君が言うように、ボーナス制度だね。それによって、そこに留まる気持ちにさせられちゃうから。さらに同じ会社にいると、残りの人生を設計するのが簡単になることがよくあるよね。たとえば大学を卒業して、多くの人が自分はどんな会社で働きたいかを知って会社を決めますよね。 もし良い会社に入ったら、それでもう十分！ それから、次の 20、30 年間、家を手に入れ、お金を蓄え、家族を養うことができる……そんなところかな。

ずいぶんと慣用表現が多いですね。Why can't you...? の質問に対して、Well, for one thing, they have... で応じていますが、これらは反復的に使われる慣用表現です。こうした慣用化された表現があるおかげで、自由にそして楽に表現を紡ぎ出すことができるのです。

これまでなかったのが不思議なぐらいですが、「慣用表現力」という概念は英語教育では一般的ではありませんでした。熟語やイディオムという雑多なものを含む用語で片付けられてきました。言い換えれば、慣用表現に体系的な指導のメスが入れられてこなかったということです。しかし、慣用表現をうまく使えるかどうかが、英語力の鍵になるのです。

本書の構成

そこで、本書では、いろいろな慣用表現を取り上げていきます。慣用表現を自分の英語力の一部にする方法にふたつがあります。

第一に、慣用表現をバラバラに暗記するのではなく、関連づけて学ぶということです。慣用表現がネットワークのように整理されていれば、それはみなさんの英語のレパートリーとなるはずです。

慣用表現力を身につけるもうひとつの方法は、実際に使用される流れ（flow）の中に表現を位置づけて学んでいくということです。慣用表現をたくさん覚えることで表現の在庫は豊かになります。これをストックとしての学びと呼ぶことができるでしょう。しかし、ストックがいくら豊かでも、使い方に注目しなければ慣用表現力にはなりません。そこで必要なのがフローとしての学びです。表現の流れの中に慣用表現を位置づけると、慣用表現それ自体が流れを、会話の流れをガイドするようになります。例えば、以下の慣用表現の流れを見てみてください。

> **I'm here today to talk about... There are three things I want to highlight... First of all... Secondly... And thirdly... As you all**

know... To repeat the main points... To add a few examples... To summarize...

話の流れの構造のようなものを作るのがこうした表現です。まとまった内容のことを話す際には、慣用表現をうまく使えば流れを作り出すことができる、という言い方をしてもいいでしょう。

本書では、意見を述べる、感想を述べる、アイディアを出すなどといった具合に、まとまった内容を表現する際の慣用表現に注目します。

本書は以下のように、大きく4つのパートに分かれます。

Part 1 **自分の意思や考えを明確に伝える表現**

Part 2 **論理的に話そうとするときに役立つ表現**

Part 3 **判断と説明を示す表現**

Part 4 **相手にはたらきかけてコミュニケーションを作る表現**

Part 1では、自分の考えを言う、何かを言う際に自分の態度を示す、話しの流れの中で賛否の態度などを明らかにすることなどが含まれます。何かを言う際に、あらかじめ自分の態度を示すことがあります。

感情的なリアクションを示して、to my disappointmentとかmuch to my surpriseなどを付け加えて、Much to my surprise, they divorced after 20 years of marriage.（とても驚いたことに、彼らは20年の結婚生活後、離婚した）と表現するのがその例です。「彼らが20年して離婚した」ということに対して、感情的なリアクションを加えるのがここでのmuch to my surpriseです。

Part 2では論理を組み立てることに着眼します。まとまった内容を表現する上で、筋道の通った話をすることは必須です。そこで、目的を明確にしたり、観点を示したり、論点を強化したり、因果関係を示したり、予測を述べたり、要点を述べたりすることが必要となります。Part 2 では、こうしたことを表現する際に典型的に用いられる慣用表現を使えるようにしていきます。

Part 3 では、確信の度合いや価値判断を示す表現と、説明する際の表現に注目します。確信の度合いについては、It is certain that...（〜は確かです）、It is theoretically possible that...（〜は理論的には可能です）などが典型的な表現です。

価値判断は、「〜することは妥当だ（不自然だ、便利だ）」という内容のことを表現する場合を言います。ここで言う説明には、目的・結果、理由・方法に加え、具体例を示したり、図で示して説明したり、手順を説明したりすることなどが含まれます。

Part 4 では、双方向のやりとりに注目します。相手にはたらきかけたり会話の流れを調整したりする際の慣用表現に注目したいものです。話題について言えば、話題を導入する、話題を変更する、話題を戻すなどがありますが、それをどういう表現を使って行うかがここでの関心事です。

そして、それぞれの Part には、本格的な総合訓練のエクササイズがついています。このエクササイズをすることで、学習の総仕上げを行ってください。その際に、大切なのは「状況」と「表現」を結びつけるように心がけることです。例えば、much to my surprise であれば、「本当にびっくりした」という状況を頭に浮かべて Much to my surprise, (they divorced.) のような表現を声に出して何度か言ってみる。そうすれば、表現が自分のものになるはずです。複数の状況を思い浮かべることができれば、なおさら学習は強化されます。

本書では、文例が示されています。その文例に近い状況があれば、それを思い浮かべて、音声を聞きながら口ずさむのもよいと思います。

本書の構成と使い方

本書は大きく４つの Part で構成されています。

Part1 から 3 までは、それぞれ、「Part の解説」「Unit の表現リスト」「§ の日本語の文とそれに対応する英文」「Part の最後のトレーニング」に分かれています。Part 4 は Part の次がふたつの Chapter に分かれ、そのあとの Unit 以降の構成は Part 1 から Part 3 と同じです。

Part の前説

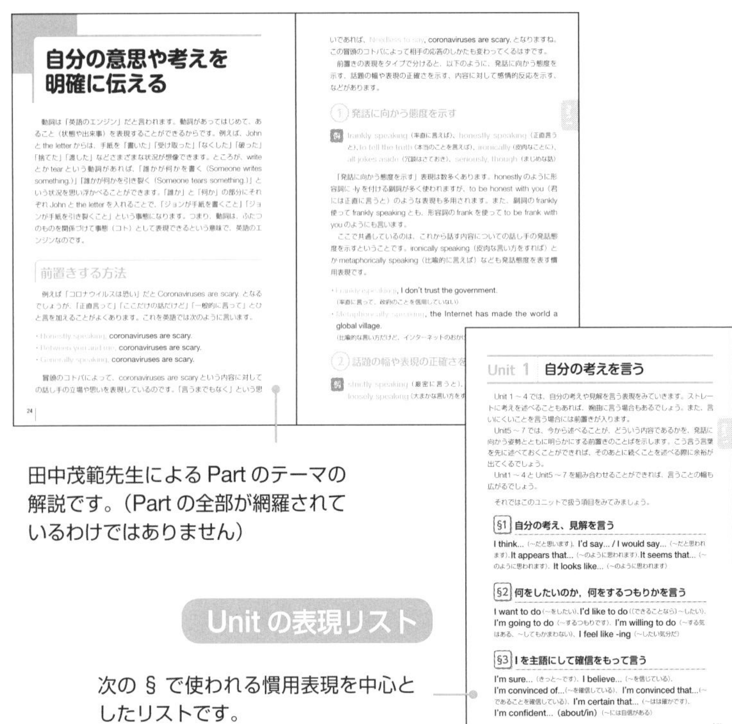

自分の意思や考えを明確に伝える

動詞は「英語のエンジン」だと言われます。動詞があってはじめて、あること（状態や出来事）を表現することができるからです。例えば、John と the letter からは、手紙を「書いた」「受け取った」「なくした」「破った」「捨てた」「渡した」などさまざまな状況が想像できます。ところが、write とか tear という動詞があれば、「誰かが何かを書く（Someone writes something.）」「誰かが何かを引き裂く（Someone tears something.）」という状況を思い浮かべることができます。「誰か」と「何か」の部分にそれぞれ John と the letter を入れることで、「ジョンが手紙を書くこと」「ジョンが手紙を引き裂くこと」という事態になります。つまり、動詞は、ふたつのものを関係づけて事態（コト）として表現できるという意味で、英語のエンジンなのです。

前置きする方法

例えば「コロナウイルスは恐い」だと Coronaviruses are scary. となるでしょうが、「正直言って」「ここだけの話だけど」「一般的に言って」とひと言を加えることがよくあります。これを英語では次のように言います。

- Honestly speaking, coronaviruses are scary.
- Between you and me, coronaviruses are scary.
- Generally speaking, coronaviruses are scary.

冒頭のコトバによって、coronaviruses are scary という内容に対しての話し手の立場や思いを表現しているのです。「言うまでもなく」という思

24

いであれば、Needless to say, coronaviruses are scary. となりますね。この冒頭のコトバによって相手の応答のしかたも変わってくるはずです。

前置きの表現をタイプで分けると、以下のように、発話に向かう態度を示す、話題の幅や表現の正確さを示す、内容に対して感情的反応を示す、などがあります。

① 発話に向かう態度を示す

例 frankly speaking（率直に言えば）、honestly speaking（正直言うと）、to tell the truth（本当のことを言えば）、ironically（皮肉なことに）、all jokes aside（冗談はさておき）、seriously, though（まじめな話）

「発話に向かう態度を示す」表現は数多くあります。honestly のように形容詞に -ly を付ける副詞が多く使われますが、to be honest with you（君には正直に言うと）のような表現も多用されます。また、副詞の frankly 使って frankly speaking とも、形容詞の frank を使って to be frank with you のようにも言います。

ここで共通しているのは、これから話す内容についての話し手の発話態度を示すということです。ironically speaking（皮肉な言い方をすれば）とか metaphorically speaking（比喩的に言えば）なども発話態度を表す慣用表現です。

- Frankly speaking, I don't trust the government.
  （率直に言って、政府のことを信用していない）
- Metaphorically speaking, the Internet has made the world a global village.
  （比喩的な言い方だけど、インターネットのおかげ[cut off]

② 話題の幅や表現の正確さを[cut off]

例 strictly speaking（厳密に言うと）、[cut off]
loosely speaking（大まかな言い方をす[cut off]

Unit 1 自分の考えを言う

Unit 1 ～ 4 では、自分の考えや見解を言う表現をみていきます。ストレートに考えを述べることもあれば、婉曲に言う場合もあるでしょう。また、言いにくいことを言う場合には前置きが入ります。

Unit5 ～ 7 では、今から述べることが、どういう内容であるかを、発話に向かう姿勢とともに明らかにする前置きのことばを示します。こう言う言葉を先に述べておくことができれば、そのあとに続くことを述べる際に余裕が出てくるでしょう。

Unit1 ～ 4 と Unit5 ～ 7 を組み合わせることができれば、言うことの幅も広がるでしょう。

それではこのユニットで扱う項目をみてみましょう。

§1 自分の考え、見解を言う

I think...（～だと思います）、I'd say... / I would say...（～だと思われます）、It appears that...（～のように思われます）、It seems that...（～のように思われます）、It looks like...（～のように思われます）

§2 何をしたいのか，何をするつもりかを言う

I want to do（～をしたい）、I'd like to do（(できることなら)～したい）、I'm going to do（～するつもりです）、I'm willing to do（～する気はある、～してもかまわない）、I feel like -ing（～したい気分だ）

§3 I を主語にして確信をもって言う

I'm sure...（きっと～です）、I believe...（～を信じている）、I'm convinced of...（～を確信している）、I'm convinced that...（～であることを確信している）、I'm certain that...（～は確かです）、I'm confident...（about/in）（～には自信がある）

29

田中茂範先生による Part のテーマの解説です。（Part の全部が網羅されているわけではありません）

Unit の表現リスト

次の § で使われる慣用表現を中心としたリストです。

§ の日本語と英語

Unit 1　自分の考えを言う

§1 自分の考え、見解を言う

▶ 自分の意見や見解を「～と思う」の形や「～のように思われます」という形で伝える表現を練習しましょう。

1 準備にもう少し時間がかかると思います。

2 もう一度慎重に確認をしたほうがよいと思われます。

3 < It appears that... を使って>
新しい上司は融通がきかなそうですね。

4 < It seems that... を使って>
彼らは本当のことを言っていないように思われます。

5 < It looks like... を使って>
仕事は順調にいっているようですね。

31

Unit のテーマ

この § のテーマ

この § で具体的に何を練習するかを説明します。

英訳すると慣用表現を含むものになるように考えられた日本語の文で、ポイントになる部分が色文字になっています。ときどきヒントが<　>の中に示されています。

右ページが日本語。それをめくった左ページが日本語に対応する英語の文。

音声ファイルの番号。ひとつの § にひとつの音声ファイルが対応します。

その § の補足説明が中心。1～5までの文の中からワンポイント解説も。

日本語の文に対応する英語の文の解答例。日本語の色文字に対応するポイントになる慣用表現部分は色文字で示されています。

英語の文の中の表現に対するワンポイント解説。ここで挙げたものとは別の言い方も紹介しています。

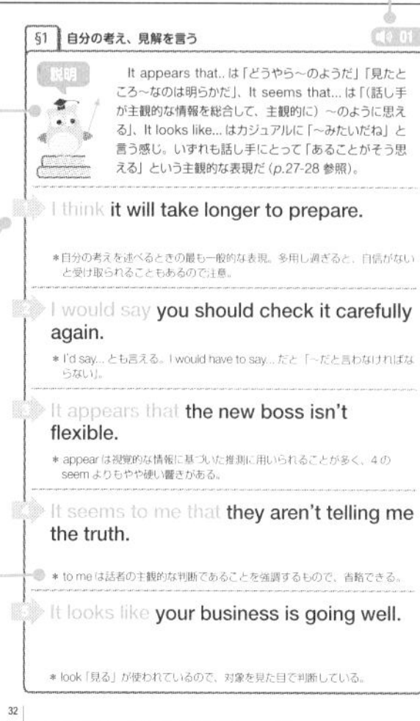
§1 自分の考え、見解を言う　01

説明　It appears that.. は「どうやら～のようだ」「見たところ～なのは明らかだ」、It seems that... は「(話し手が主観的な情報を総合して、主観的に) ～のように思える」、It looks like... はカジュアルに「～みたいだね」と言う感じ。いずれも話し手にとって「あることがそう思える」という主観的な表現だ (p.27-28 参照)。

1 I think it will take longer to prepare.
＊自分の考えを述べるときの最も一般的な表現。多用し過ぎると、自信がないと受け取られることもあるので注意。

2 I would say you should check it carefully again.
＊ I'd say... とも言える。I would have to say... だと「～だと言わなければならない」。

3 It appears that the new boss isn't flexible.
＊ appear は視覚的な情報に基づいた推測に用いられることが多く、4 の seem よりもやや硬い響きがある。

4 It seems to me that they aren't telling me the truth.
＊ to me は話者の主観的な判断であることを強調するもので、省略できる。

5 It looks like your business is going well.
＊ look「見る」が使われているので、対象を見た目で判断している。

32

Unit 1　自分の考え
§2
1 来週2、3日
2 機会があれば
3 5時までに仕
4 締め切りに間
いませんよ。
5 仕事を全部放
いたい気分だ

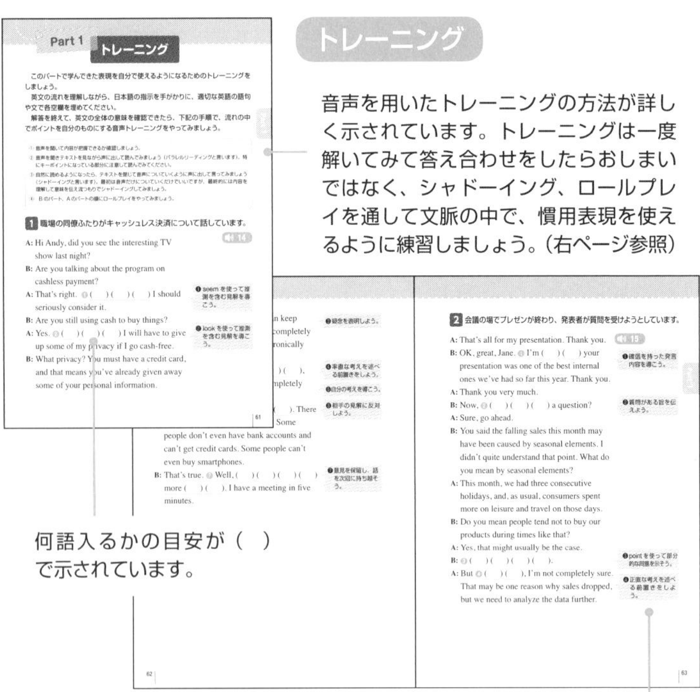

トレーニング

音声を用いたトレーニングの方法が詳しく示されています。トレーニングは一度解いてみて答え合わせをしたらおしまいではなく、シャドーイング、ロールプレイを通して文脈の中で、慣用表現を使えるように練習しましょう。（右ページ参照）

何語入るかの目安が（　）で示されています。

（　）の中に入る語のヒントが書かれています。

トレーニングの日本語訳の中に、解答例の英文が色文字で示され、その英文に対応する日本語訳に下線が引かれています。

音声と電子版の活用法

本書の音声は無料で聞くことができます。また本書の電子版もオンライン上で無料で読むことができます。

音声の聞く方法、電子版の使い方についての詳しい説明は、*p*.21 と *p*.22 をご覧ください。

① 音声について

§ の解答部分の英語の文の音声は、記憶に残りやすいように、2 回ずつ繰り返されます。テキストを見ながら音声を聞いたり、シャドーイング（下記参照）をする際にご使用ください。

② 電子版について

この本の内容はそのままスマホでご覧になることができます。また、音声マークをタップすると画面を見ながら、1 ページずつ音声を聞くことができます。ですから、テキストを持たずに、電車の中や車の中で学習するときに便利です。

③ Part ごとの「トレーニング」活用法

①解答した後、音声を聞いて内容が把握できるか確認しましょう。

②意味を確認した後に、音声を聞き、テキストを見ながら声に出して、後について声に出して読んでみましょう（パラレルリーディングと言います）。特にキーポイントになっている部分に注意して読んでみてください。

③自然に読めるようになったら、テキストを閉じて音声を追いかけて声に出して言ってみましょう（これをシャドーイングと言います）。最初は音声をできるだけそのまま追いかけながら、そして最終的には意味を伝えるつもりでシャドーイングしてみましょう。

④　B のパート、A のパートの順にロールプレイもやってみましょう。

音声ファイル番号一覧

ファイル番号	内容	ページ
	Part 1	
01	Unit 1 §1	32
02	§2	34
03	§3	36
04	§4	38
05	§5	40
06	§6	42
07	§7	44
08	Unit 2 §1	48
09	§2	50
10	§3	52
11	§4	54
12	Unit 3 §1	58
13	§2	60
14	Training 1	61
15	Training 2	63
	Part 2	
16	Unit 1 §1	80
17	§2	82
18	§3	84
19	§4	86
20	Unit 2 §1	92
21	§2	94
22	§3	96
23	§4	98
24	§5	100
25	§6	102
26	§7	104
27	§8	106
28	§9	108
29	Unit 3 §1	112
30	§2	114
31	§3	116
32	Unit 4 §1	120
33	§2	122
34	Training 1	123
35	Training 2	126
	Part 3	
36	Unit 1 §1	138
37	§2	140
38	Unit 2 §1	144
39	§2	146
40	§3	148
41	§4	150
42	§5	152
43	Training 1	153
44	Training 2	155
	Part 4	
45	Chapter 1 Unit 1 §1	170
46	§2	172
47	§3	174
48	§4	176
49	Chapter 1 Unit 2 §1	180
50	§2	182
51	Chapter 2 Unit 1 §1	186
52	§2	188
53	§3	190
54	Chapter 2 Unit 2 §1	194
55	§2	196
56	§3	198
57	Chapter 2 Unit 3 §1	202
58	§2	204
59	§3	206
60	Chapter 2 Unit 4 §1	210
61	§2	212
62	§3	214
63	Chapter 2 Unit 5 §1	218
64	§2	220
65	§3	222
66	§4	224
67	Chapter 2 Unit 6 §1	228
68	§2	230
69	Chapter 2 Unit 7 §1	234
70	§2	236
71	Chapter 2 Unit 8 §1	240
72	§2	242
73	§3	244
74	§4	246
75	Training 1	247
76	Training 2	249
77	Training 3	250

音声を聞くには

[無料]音声を聞く方法

音声をスマートフォンやPCで、簡単に
聞くことができます。

方法1 ストリーミング再生で聞く場合

面倒な手続きなしにストリーミング再生で聞くことができます。

※ストリーミング再生になりますので、通信制限などにご注意ください。
　また、インターネット環境がない状況でのオフライン再生はできません。

このサイトにアクセスするだけ！ **http://tiny.cc/tjgytz/**

① 上記サイトにアクセス！

② アプリを使う場合はSoundCloudにアカウント登録（無料）

方法2 パソコンで音声ダウンロードする場合

パソコンでmp3音声をダウンロードして、スマホなどに取り込むことも可能です。
（スマホなどへの取り込み方法はデバイスによって異なります。）

① 下記のサイトにアクセス

https://www.cosmopier.com/download/4864541657/

② パスワードの【21007】を入力する

音声はPCの一括ダウンロード用圧縮ファイル（ZIP形式）でのご提供です。
解凍してお使いください。

電子版を使うには

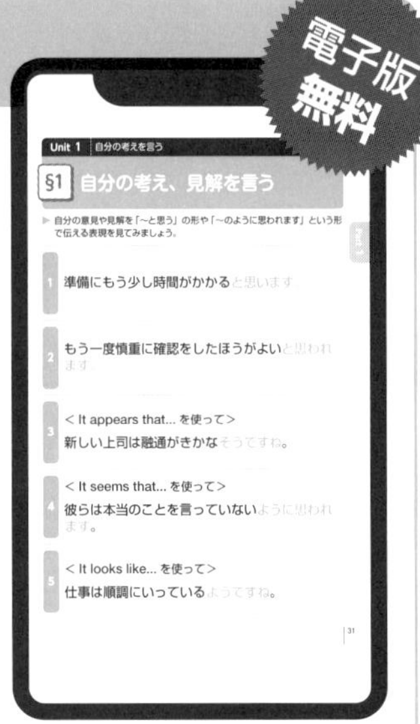

音声ダウンロード不要
ワンクリックで音声再生！

本書購読者は
無料でご使用いただけます！
音声付きで
本書がそのままスマホでも
読めます。

電子版ダウンロードには
クーポンコードが必要です

詳しい手順は下記をご覧ください。
右下の QR コードからのアクセスも可能です。

電子版：無料引き換えコード
21007

ブラウザベース（HTML5 形式）でご利用いただけます。

★クラウドサーカス社 ActiBook電子書籍（音声付き）です。

●対応機種
- PC（Windows/Mac）
- iOS（iPhone/iPad）
- Android（タブレット、スマートフォン）

電子版ご利用の手順

❶コスモピア・オンラインショップにアクセスしてください。（無料ですが、会員登録が必要です）
https://www.cosmopier.net/

❷ログイン後、カテゴリ「電子版」のサブカテゴリ「書籍」をクリックしてください。

❸本書タイトルをクリックし、「カートに入れる」をクリックしてください。

❹「カートへ進む」→「レジに進む」と進み、「ご注文手続き」画面へ。

❺「クーポン」欄に本ページにある無料引き換えコードを入力し、「確認する」をクリックしてください。

❻ 0 円になったのを確認して、「注文する」をクリックしてください。

❼ご注文を完了すると、「マイページ」に電子書籍が登録されます。

Part 1

自分の意思や考えを明確に伝える表現

英語で自分の意見や態度を明確にする表現を学びましょう。

まずは自分の意思や考えを端的に表現する方法を、それから、話の流れの中で、賛成・反対・保留などの意見を表明する言い方などを見ていきましょう。

自分の意思や考えを明確に伝える

動詞は「英語のエンジン」だと言われます。動詞があってはじめて、あること（状態や出来事）を表現することができるからです。例えば、John と the letter からは、手紙を「書いた」「受け取った」「なくした」「破った」「捨てた」「渡した」などさまざまな状況が想像できます。ところが、write とか tear という動詞があれば、「誰かが何かを書く（Someone writes something.）」「誰かが何かを引き裂く（Someone tears something.）」という状況を思い浮かべることができます。「誰か」と「何か」の部分にそれぞれ John と the letter を入れることで、「ジョンが手紙を書くこと」「ジョンが手紙を引き裂くこと」という事態になります。つまり、動詞は、ふたつのものを関係づけて事態（コト）として表現できるという意味で、英語のエンジンなのです。

前置きする方法

例えば「コロナウイルスは恐い」だと Coronaviruses are scary. となるでしょうが、「正直言って」「ここだけの話だけど」「一般的に言って」とひと言を加えることがよくあります。これを英語では次のように言います。

・Honestly speaking, coronaviruses are scary.
・Between you and me, coronaviruses are scary.
・Generally speaking, coronaviruses are scary.

冒頭のコトバによって、coronaviruses are scary という内容に対しての話し手の立場や思いを表現しているのです。「言うまでもなく」という思いであれば、Needless to say, coronaviruses are scary. となりますね。この冒頭のコトバによって相手の応答のしかたも変わってくるはずです。

前置きの表現をタイプで分けると、以下のように、発話に向かう態度を示す、話題の幅や表現の正確さを示す、内容に対して感情的反応を示す、などがあります。

① 発話に向かう態度を示す

例 frankly speaking（率直に言えば）、honestly speaking（正直言うと）、to tell the truth（本当のことを言えば）、ironically（皮肉なことに）、all jokes aside（冗談はさておき）、seriously, though（まじめな話）

「発話に向かう態度を示す」表現は数多くあります。honestly のように形容詞に -ly をつける副詞が多く使われますが、to be honest with you（君には正直に言うと）のような表現も多用されます。また、副詞の frankly 使って frankly speaking とも、形容詞の frank を使って to be frank with you のようにも言います。

ここで共通しているのは、これから話す内容についての話し手の発話態度を示すということです。ironically speaking（皮肉な言い方をすれば）とか metaphorically speaking（比喩的に言えば）なども発話態度を表す慣用表現です。

- Frankly (speaking), I don't trust the government.
  （率直に言って、政府のことを信用していない）
- Metaphorically speaking, the Internet has made the world a global village.
  （比喩的な言い方だけど、インターネットのおかげで世界は「地球村」になった）

② 話題の幅や表現の正確さを示す

例 strictly speaking（厳密に言うと）、specifically（具体的には）、loosely speaking（大まかな言い方をすれば）、roughly speaking（あ

らっぽい言い方をすれば)、generally speaking(一般的な言い方をすれば)、in general(一般的に)、linguistically(言語学的に言えば)、to be more exact(もっと正確には)、technically speaking(やかましく言えば)、internationally(国際的には)、between you and me(ここだけの話ですが)など

これから話す内容の適用の範囲をあらかじめ述べてから、内容に入ることがあります。「話題の幅」を設定する表現がそれに当たります。「ゴリラはチンパンジーより賢い」だと Gorillas are wiser than chimpanzees. となるでしょう。これが言いたい内容だとして、その内容が当てはまる範囲を設定して語るのに、generally speaking とか in general という表現が連想されます。Generally speaking, gorillas are wiser than chimpanzees. がその例です。同じ内容でも、Strictly speaking, gorillas are wiser than chimpanzees. と言えば、主張している内容が「厳密に言えばそういうことだ」という内容になります。

③ 内容に対しての感情的反応を示す

例 to my disappointment(残念なことに)、unfortunately(残念なことに)、sadly(悲しいことに)、surprisingly(驚いたことに)、gladly(うれしいことに)、fortunately(幸運なことに)、to my surprise(驚いたことに)、luckily(運のいいことに)、interestingly(興味深いことに)など

日本語でも「驚いたことに」「悲しいことに」とひとこと述べてからその内容に入ることがあります。これは、内容に対しての感情的な反応をする際の表現です。英語も同様に、surprisingly とか sadly という副詞を冒頭で使うことができます。この surprisingly は以下のような慣用表現を使っても驚きを表すことができます。

to my surprise(驚いたことに)、much to my surprise(とても驚いたんだけど)、to my pleasant surprise(うれしい驚きだけど)

「総理大臣が突然辞職した」に当たるThe Prime Minister resigned suddenly. に対して、To my pleasant surprise, the Prime Minister resigned suddenly. と言えば「ぼくにとってうれしい驚きだが、総理が突然辞任した」となります。

もちろん、surprise のかわりに disappointment にすれば「失望」のありようを表現することができます。「失望」や「落胆」を表すときは、以下のような慣用表現を使うことができます。

much to one's disappointment（大変残念なことだが）、to one's dismay（落胆したことに）、to one's regret（残念なことだが）

話し手の確信の度合いを主観的に表現する

あることに関して「～のように思える」と表現する際に、英語では it を主語にして、It appears that...、It seems that...、It looks like...と言うことがあります。「話し手にとって、あることがそう思える」ということで主観的な表現だと言えます。It is certain that...と言えば、「あることが確かである」ということを客観的に語る方法ですが、It seems certain と seem を加えると、自然に話し手にとっての確信という意味合いが強くなります。It appears that...、It seems that...、It looks like...の３つの表現を見ておきましょう。

It appears that...

「～であるように思える、見える」という意味合いで使います。このappear の名詞形 appearance は「外観、外見、容姿」などの意味で使うように、「見た目」がポイントです。そこで、It appears that... は、「どうやら～のようだ」とか「見たところ～なのは明らかなようだ」と言いたい状況で使います。例えば、It appears that there was a miscommunication about the contract. と言えば、「どうやら契約についてすれ違いがあったようだ」という意味です。構文的には、appear to be...（～のように思わ

Part 1

れる）という言い方もあり、She appears to be kind.（彼女は親切そうだね）のようにも使います。

It seems that...

It seems that... は It appears that... と同様に使います。会話では Seems **to me he didn't contact you yesterday.**（昨日、彼が君に連絡しなかったようだね）のように it を省略して言うことがよくあります。appear が「見た目」を重視するのに対して、seem は「(話し手がさまざまな情報を総合して、主観的に）～のように思える」といった感じがあります。It seems to me that **we have plenty of time for discussion.** と言えば「私たちには議論する時間がたっぷりあるように思える」という意味です。

It looks like...

It looks like...は「～みたいだね」といったニュアンスでカジュアルな感じの表現です。例えば、It looks like **your business is going well.** と言えば、「仕事は順調にいっているようですね」という意味です。用法上で注意すべきは、appear と seem とは違い、It looks that... という言い方はないということです。何か話を聞いて、It looks like **you didn't support her.** と言えば「ということは、君、彼女のことを支持しなかったようだね」ということです。It looks like **you are in love.** は「君、恋しているようだね」ということで、「まるで～かのように見える」という意味合いの表現です。

Part 1 で紹介する慣用表現は重要度の高いものばかりです。状況を頭に描きながら使い方を訓練し、自分の表現のレパートリーに加えていってください。

Unit 1 自分の考えを言う

§1～4では、自分の考えや見解を言う表現を見ていきます。ストレートに考えを述べることもあれば、婉曲に言う場合もあるでしょう。また、言いにくいことを言う場合には何らかの前置きが入ります。

§5～7では、今から述べることが、どういう内容であるかを、発話に向かう姿勢とともに明らかにする前置きの言葉を示します。こう言う言葉を先に述べておくことができれば、そのあとに続くことを述べる際に余裕が出てくるでしょう。

§1～4と§5～7を組み合わせることができれば、言えることの幅も広がるでしょう。

それではこのユニットで扱う項目を見てみましょう。

§1 自分の考え、見解を言う

I think...（～だと思います）、**I'd say... / I would say...**（～だと思われます）、**It appears that...**（～のように思われます）、**It seems that...**（～のように思われます）、**It looks like...**（～のように思われます）

§2 何をしたいのか、何をするつもりかを言う

I want to do（～をしたい）、**I'd like to do**（〔できることなら〕～したい）、**I'm going to do**（～するつもりです）、**I'm willing to do**（～する気はある、～してもかまわない）、**I feel like -ing**（～したい気分だ）

§3 Iを主語にして確信をもって言う

I'm sure...（きっと～です）、**I believe...**（～を信じている）、**I'm convinced that...**（～であることを確信している）、**I'm certain that...**（～は確かです）、**I'm confident... (about / in)**（～には自信がある）

§4 言いにくいことを述べる

I'm afraid... (残念ながら～)

I'm sorry to say that / this, but...
(こんなことを言うのは申し訳ないのだけれども～)

It is hard to say, but... (言いにくいのですが～)

I hate to bring this up, but... (とても言いにくいのですが～)

I don't know how to put this, but...
(何と言っていいのかわからないのですが～)

§5 前置き① 発話に向かう態度を表す

honestly speaking (正直に言えば)、**frankly speaking** (率直に言って)、**to tell the truth** (本当のことを言えば)、**metaphorically speaking** (比喩的に言えば)、**seriously, though** (まじめな話)

§6 前置き② 話題の幅や正確さを示す

generally speaking (一般的に言えば)、**strictly speaking** (厳密に言えば)、**specifically** (具体的には)、**roughly speaking** (あらっぽい言い方をすれば)、**between you and me** (ここだけの話ですが)

§7 前置き③ 話す内容に関する感情を示す

to my disappointment (残念なことに)、**unfortunately** (残念なことに、運の悪いことに)、**fortunately** (幸運なことに)、**to my surprise** (驚いたことに)、**interestingly** (興味深いことに)

§1 自分の考え、見解を言う

▶ 自分の意見や見解を「～と思う」の形や「～のように思われます」という形で伝える表現を練習しましょう。

1 準備にもう少し時間がかかると思います。

2 もう一度慎重に確認をしたほうがよいと思われます。

3 < It appears that... を使って>
新しい上司は融通がきかなそうですね。

4 < It seems to me that... を使って>
彼らは本当のことを言っていないように思われます。

5 < It looks like... を使って>
仕事は順調にいっているようですね。

§1 自分の考え、見解を言う

01

It appears that.. は「どうやら～のようだ」「見たところ～なのは明らかだ」、It seems that... は「(話し手が主観的な情報を総合して、主観的に）～のように思える」、It looks like... はカジュアルに「～みたいだね」と言う感じ。いずれも話し手にとって「あることがそう思える」という主観的な表現だ (*p.*27-28 参照)。

---

1 I think **it will take longer to prepare.**

＊自分の考えを述べるときの最も一般的な表現。多用し過ぎると、自信がないと受け取られることもあるので注意。

---

2 I would say **you should check it carefully again.**

＊ I'd say... とも言える。I would have to say... だと「～だと言わなければならない」。

---

3 It appears that **the new boss isn't flexible.**

＊ appear は視覚的な情報に基づいた推測に用いられることが多く、4 の seem よりもやや硬い響きがある。

---

4 It seems to me that **they aren't telling me the truth.**

＊ to me は話者の主観的な判断であることを強調するもので、省略できる。

---

5 It looks like **your business is going well.**

＊ look（見る）が使われているので、対象を見た目で判断している。

§2 何をしたいのか、何をするつもりかを言う

▶「～したい」という積極的に気持ちを表す表現から、「～してもかまいませんよ」までさまざま意志を表す表現を練習しましょう。

1 来週 2、3 日休みを取りたい。

2 機会があれば、あなたを社長にご紹介したい。

3 5 時までに仕事を終わらせるつもりです。

4 締め切りに間に合わせるために残業してもかまいませんよ。

5 仕事を全部放り投げてどこか旅行に行ってしまいたい気分だ。

§2 何をしたいのか、何をするつもりかを言う

02

I would like to do はやや婉曲的で、ビジネスなどでもよく使う言い方だ。口語では I'd like to do の形もよく使う。また、I would like you to do という言い方をすると「～していただきたい」という丁寧な依頼の表現になる。

1 I want to **take a few days off next week.**

＊ want to do は、I を主語にするとカジュアルで口語的な響きになる。

2 I would like to **introduce you to the president if I have the opportunity.**

＊ would like to do は 1 の want to do に比べて丁寧で、フォーマルな場面でも使える。

3 I'm going to **finish my task by five.**

＊ be going to do はすでに決定している予定や心に決めている意志を表す。

4 I'm willing to **work overtime to meet the deadline.**

＊ be willing to do は「～する気がある、～するのをいとわない」の意味。

5 I feel like **throw**ing **all my work away and going on a trip somewhere.**

＊ feel like -ing は「～したい気分だ」の意味。felt like -ing と過去形にすると「～したかったがしなかった」の意味になる。

§3 I を主語にして確信をもって言う

▶ 言いたい内容について、確信をもっている場合の表現の仕方のバリエーションを練習しましょう。

1 大丈夫。きっとうまくいくよ。

2 あなたたちはきっと成功すると信じています。

3 この生命保険は今まで調べたものの中で最も良いと確信したので、申し込んだ。

4 私は正しいことをやったと確信しています。

5 今回提出した論文の内容には自信がある。

§3 I を主語にして確信をもって言う

03

ここで紹介した例はいずれもかなり強い確信をもって言う場合の表現だ。5 の I'm confident about... は、I have confidence in... という言い方もできる。下の例に挙げた表現の他にも、I'm positive that... (～だと確信がある) という言い方がある。

1 **Don't worry. I'm sure it will go well.**

＊ be sure は強い確信を表す表現。

2 **I believe you will succeed.**

＊ I believe... も広く「～だと思う」の意味で使われるが、I think... よりも主観的・直感的なニュアンスが強い。「君は成功すると思ってたよ」だと I knew you would succeed. と言える。

3 **I applied for this life insurance because I was convinced that it was the best I had ever seen.**

＊ be convinced は「説得力のある話・情報に基づいて強く確信している」。

4 **I'm certain that I did the right thing.**

＊形容詞 certain が「確信した」の意味を表すのは、原則的に be 動詞の補語となる叙述用法の場合だけ。

5 **I'm confident about the content of the thesis I submitted this time.**

§4 言いにくいことを述べる

▶ 相手に対して否定的なことを言う場合、あるいはマイナスになることを言う場合には、それなりに配慮した表現を用いる必要があります。

1 残念ながら先約があってランチ会には参加できません。

2 こんなことを言うのは申し訳ないのだけれどもあなた方は責任を果たしているとは言えないようです。

3 言いにくいのですが、御社との契約は打ち切らせていただきたいと思います。

4 < hate を使って >

とても言いにくいのですが、あなたの主張はちょっと偏っていると思います。

5 < put を使って >

何と言っていいのかわからないのですが、私は会社を今年いっぱいで辞めようと思っています。

§4 言いにくいことを言う

04

　否定的なことを言う場合、I'm afraid... はよく使われる。「今から私が言うことは、あなたをがっかりさせてしまうことになりますが」と「今から悪い知らせを言いますよ」と予告するニュアンスがある。I'm sorry は、「私は本当に残念で申し訳ない気持ちです」という人の気持ちのありようが出る表現。

1 I'm afraid **I can't attend the lunch party due to an appointment [a prior engagement].**

＊ an appointment のかわりに a prior engagement と言ってもよい。

2 I'm sorry to say this, but **you don't seem to be fulfilling your responsibilities.**

＊この sorry は「残念で申し訳なく思って」の意味。

3 It is hard to say this, but **we would like to terminate our contract with your company.**

＊hard to doは「(感情的に)～しにくい、～しがたい」というニュアンスの表現。

4 I hate to bring this up, but **I think your claim is a little biased.**

＊ bring... up は「～（話などを）持ち出す、～を言い出す」の意味。

5 I don't know how to put this, but **I'm thinking of leaving the company at the end of this year.**

＊この put は「～を表現する、～を言い表す」の意味。

§5 前置き① 発話に向かう態度を表す

▶ これから話す内容についてどういう態度で話すのかを、最初に宣言して話し始めるための慣用句を練習しましょう。

1 正直に言えば、この製品の品質はよくない。

2 率直に言って、明日までにこの仕事を終わらせるには十分な時間がない。

3 本当のことを言えば、オリジナルの計画のほうが好きですね。

4 比喩的に言えば、会議は地獄でした。

5 真面目な話、私たちは始める必要があります。

§5 前置き① 発話に向かう態度を表す

05

ここでは、話し手が、今から話すことに対して、「正直に」言うのか、「率直に」言うのか、「本当のことを」言うのか、など気持ちのもちようを端的に表す表現を扱う。

Honestly speaking は To be honest、Frankly speaking は To be frank のように to 不定詞を使った置き換えができる。

---

1 **Honestly speaking,** **the quality of this product is poor.**

＊かわりに To be honest (with you), ... という形も使える。

---

2 **Frankly speaking,** **we don't have enough time to finish this task by tomorrow.**

＊ 1 と同様に、To be frank (with you), ... とも言える。

---

3 **To tell the truth,** **I prefer the original plan.**

＊ tell の後に you を入れて To tell you the truth, ... としても同じ意味。

---

4 **Metaphorically speaking,** **the meeting was hell.**

＊ metaphorically のかわりに figuratively と言ってもほぼ同じ意味。

---

5 **Seriously(, though),** **we need to get going.**

＊ though は省いてもよい。get going は「前進する、動き出す」の意味。

§6 前置き② 話題の幅や正確さを表す

▶ これから話す話題が、一般的なものかごく個人的なものかなどを示す話題の幅や、内容の正確性についてあらかじめ伝える表現を練習しましょう。

1 一般的に言えば、私たちのミーティングは3時間続きます。

2 厳密に言えば、結論に達するまでは、社外でその件について議論しないほうがよい。

3 具体的には、私はひどく怒っていて冷静さを失っていた、と彼女は言った。

4 大雑把に言えば、大会を催すには少なくとも10室のミーティングルームが必要です。

5 ここだけの話ですが、私は来月結婚します。でも仕事を辞めるつもりはありません。

§6 前置き② 話題の幅や正確さを表す

06

これから話す内容の適用の範囲をあらかじめ述べる表現には、Generally speaking、In general、Between you and me などがある。

正確性については、Roughly speaking や Strictly speaking、To be exact、Broadly speaking などがある。

1 Generally speaking, **our meetings last around three hours.**

＊かわりに In general, ... と言ってもいい。

2 Strictly speaking, **until we reach a conclusion, we should not discuss the issue outside of the office.**

＊ To be exact, ... と言っても同じ意味を表すことができる。

3 Specifically, **she said that I got too angry and lost my cool.**

＊ Concretely speaking, ... や In concrete といった表現も使える。

4 Roughly speaking, **we will need at least 10 meeting rooms for the convention.**

＊ roughly のかわりに broadly を使ってもよい。

5 Between you and me, **I'm getting married next month. But I'm not going to quit my job.**

＊ you and me のかわりに us や ourselves でもよい。

§7 前置き③ 話す内容に関する感情を表す

▶ これから話す内容についてのプラス・マイナスの自分の気持ちをまず最初に言うための表現を練習しましょう。

1 残念なことに、セールスは再び下降線になった。

2 残念なことに、希望する会社に入れなかった。

3 幸運なことに、私たちの提案が採用された。

4 驚いたことに、この実験の失敗が予期しない発見を導いた。

5 興味深いことに、彼は怒っていなかった。なぜだかわからない。

§7 前置き③　話す内容に関する感情を表す

07

話す内容についてどういう感情をもっているかを前置きする表現には、感情を表す名詞や副詞を使う。

副詞には Fortunately、Unfortunately、Luckily、Interestingly などがある。

名詞を使った表現には、To my disappointment、To my surprise などがある。

---

1 To my disappointment, **sales have declined again.**

＊ I'm disappointed that sales have declined again. とも言える。

---

2 Unfortunately, **I couldn't enter my company of choice.**

＊ Sorry to say や Unhappily, ... などと言い換えることもできる。

---

3 Fortunately, **our proposal won.**

＊ Luckily, ... もよく使われる。our proposal won のかわりに our proposal was chosen と言ってもよい。

---

4 To my surprise, **the failure of this experiment led to an unexpected discovery.**

＊ Surprisingly, ... とも言い換えられる。

---

5 Interestingly, **he didn't even seem angry. I don't know why.**

＊ What's interesting is that... という形に置き換えることもできる。

Unit 2 話の流れの中で意見を表明する

意見を表明するとき、賛成意見であれば言いやすいでしょうが、反対意見は相手のことを斟酌して言いますので、ストレートに disagree と言うことは少ないでしょう。そのあたりは日本語の感覚と同じです。ただ、賛成、反対、保留という自分の立場は明確に相手に伝えることができるように表現を覚えておきましょう。

§1 賛成する

I agree. / I (totally) agree with you.
（同感です / あなたの意見に〔全面的に〕賛成です）

I'm all for that / it. （大賛成です）

That sounds wonderful. （すばらしいと思います）

Yes. That's the way that we see it too.
（はい。私たちもそのように見ています）

That's what I thought. （私もそう思っていました）

§2 反対する

I'm afraid I don't think so. （残念ですがそうは思いません）

I'm sorry but I don't agree with you.
（残念ですが、賛成とは言えません）

I see it differently. （私は違う見方をしています）

Well, that may be difficult, because...
（そうですね、それは難しいと思います、なぜなら～）

I don't mean to say anything negative, but...
（否定的なことを言うつもりはありませんが～）

§3 部分的に賛成したり反対する

In principle, I agree, but... (原則的に同意はしますが〜)

Yes, I understand what you mean, but...
(なるほどおっしゃることはわかりますが〜)

I agree with your idea to some extent, but...
(あるていどまであなたの考えに賛成できますが)

I can agree with that only on the condition that...
(〜であるという条件でのみ同意できます)

That's true in theory, but... (理屈の上ではそうでしょうが〜)

§4 意見や結論を保留する

Please let us think about this matter.
(この件に関して、少し考えさせてください)

I need more time to think about this.
(この件についてはちょっと時間をかけて考えたいと思います)

I find it difficult to come to a conclusion on this matter right away.
(この件についてはすぐに結論を出すのは難しいと思います)

I can't decide now. Would you give me some time to think it over?
(今すぐには決められません。考える時間をいただけませんか)

Let's discuss this again next time and come to a conclusion. (次回また話し合って結論を出しましょう)

§1 賛成する

▶ 相手の意見に賛成する場合には、手放しの大賛成の表現から、「私もそう思っていました」までバリエーションもいろいろです。

1 あなたの意見に全面的に賛成です。

2 大賛成です。

3 その通りです。

4 はい、私たちもそのように見ています。

5 私もそう思っていました。

§1 賛成する

08

賛成であることを表す表現の代表的なものが、I agree (with you). だけれども、これしか使えないとワンパターンに陥ってしまう。I'm with you.（同感です）やI'm all for it.（大賛成です）も覚えておきましょう。

That sounds の後に wonderful や good など、肯定的な形容詞を持ってきても同意を表すことができる。

1 I totally agree with you.

＊ agree with... には、この例のように人が続く場合と、事柄が続く場合がある。

2 I'm all for it.

＊この for は「～に賛成して」の意味の前置詞。反対は against（～に反対して）。

3 That sounds wonderful.

＊相手の発言内容を肯定的に評価することで、賛意を伝えている。

4 Yes. That's the way we see it too.

＊ここでは too（～も）が賛意を表す鍵となっている。

5 That's what I thought.

＊「私の思っていたことを言い当ててくれた」といったニュアンスの表現。

§2 反対する

▶ 真正面から「反対です」とはあまり言いません。否定的な言い方をするときには、柔らかい言い方を最初に持ってきます。

1 残念ですがそうは思いません。

2 申し訳ないのですが賛成とは言えません。

3 私は違う見方をしています。

4 そうですね。それは難しいと思います。なぜならメインターゲットの年代の人たちが、このサービスに興味を持つとは思えないからです。

5 否定的なことを言うつもりはありませんが、たぶん時間が十分になかったせいでしょうが、これは詰めが甘い計画です。

§2 反対する

09

I don't think so. や I don't agree with you. のような表現を使うにしても、その前に、相手に対して「悪いなあ」という気持ちを表す I'm afraid や、自分自身の「申し訳ない」という強い気持ちを表す I'm sorry などの定番表現を前に置くことが多くなる。

反対した後には必ず理由を説明したい。

---

1 I'm afraid I don't think so.

＊I don't think so. と言うことで、「自分は考えが違う」つまり「賛成しない」と伝えていることになる。

---

2 I'm sorry but I don't agree with you.

＊文字通り「反対です」は I disagree. だが、かなり強い調子なので、I don't agree (with you). の前に、I'm sorry や I'm afraid などをつけてやわらげた言い方をする。

---

3 I see it differently.

＊この see は「わかる、理解する」の意味。

---

4 Well, that may be difficult, because **I don't think the target age group is interested in this service.**

＊相手の発言内容に難色を示した後、because 以下でその理由を述べる形。

---

5 I don't mean to be negative, but **it seems this lacked proper planning, maybe because you didn't have enough time.**

＊I don't mean to do は「～するのは本意ではない」の意味。

§3 部分的に賛成したり反対する

▶ 相手の主張を受け入れながら、問題点を指摘しながら反対意見を展開させることは議論の幅を広げることにつながります。

1 原則的には同意はしますが、検査の方法については、もう少し検討しましょう。

2 なるほどおっしゃることはわかりますが、成功するのは難しいと思います。

3 あなたの案にある程度までは賛成できますが、実行方法が不明確です。

4 資金を調達する見込みがあるという条件でなら同意できます。

5 理屈の上では確かにそうですが、あなたは彼らの気持ちを考えたことはありますか。

§3 部分的に賛成したり反対する

10

まずはある程度同意したことを表しながら、同意できない部分を持ち出すパターンの表現。in principle（大筋では）、to some extent（ある程度は）、in theory（理論的には）、on the condition that...（〜という条件では）など、制限をつける表現を覚えておくと便利。

1 In principle, I agree, but **let's think about the inspection method a bit more.**

＊ in principle は「原則として、大筋では」の意味。「建前上は」という意味で使われることもある。

2 Yes, I understand what you mean, but **I think that's difficult to achieve.**

3 I agree with your idea to some extent, but **it's unclear how we would realize it.**

＊ to some extent は「ある程度（は）」と条件を付けたり制限を加えたりするときの表現。

4 I can agree with that only on the condition that **there is the prospect of raising funds.**

＊ on the condition that... の形で「〜という条件で、〜である限りは」という条件や制限を表す。

5 That's true in theory, but **have you ever thought about their feelings?**

＊ in theory は「理論上は、理屈の上では」の意味。多くの場合、この表現には but... が続く。

§4 意見や結論を保留する

▶ そう簡単に結論を出せない状況もいろいろあるはず。性急な結論を出すのを避け、納得できる結論を出すためのいろいろな言い回しを練習しましょう。

1 この件に関しては少し考えさせてください。

2 この件に関してはもう少し考える時間が必要です。

3 < find を使って>
この件に関してはすぐに結論を出すのが難しいと思います。

4 今すぐには決められません。考える時間をいただけませんか。

5 この件について今日結論を出すには情報がなさすぎます。調査の上、次回また話し合って結論を出しましょう。

§4 意見や結論を保留する

11

　ここに挙げている表現は意見や結論を保留することを切り出すための表現。慣用表現と言うよりも、自由度が高い表現だ。なぜ意見や結論を保留しなければならないのかという理由を、下記で紹介した表現の前後に効果的に付け加えて説明したい。

1 Please let us think a bit about this matter.

＊ think about... は「～をよく考える、～について熟考する」の意味。think over... や consider で言い換えることもできる。

2 I need more time to think about this.

3 I find it difficult to come to a conclusion on this matter right away.

＊ come to a conclusion で「結論に達する」の意味。right away は「すぐに、ただちに」の意味で、right now や quickly、immediately と言い換えられる。

4 I can't decide right now. Would you give me some time to think it over?

＊ give someone some time の形で「～にしばらく時間を与える」という意味を表す。

5 **There is too little information to finalize this today. After looking into it,** let's discuss this again next time and come to a conclusion.

＊ next time は結論を先送りしたいときに使える表現。

Unit 3 質問を切り出したり、疑問を投げかける

ここでは、議論などをする際に、相手に質問を切り出したり、疑問を投げかける表現のバリエーションを見ていきましょう。

それでは、このユニットで扱う表現を紹介しましょう。

§1 質問を切り出す

I have a question about that.
（その点について質問があります）

May I ask you some questions?
（いくつか質問をしてもよいですか）

Can I ask you a question?
（質問があるんですが）

Can I ask you something?
（ちょっとお聞きしてもよいですか）

There is a question I'd like to ask.
（お聞きしたい質問があります）

§2 疑問を投げかける

I doubt if... (～かどうかは疑わしい)

I have (some) doubts about...(～については疑問があります)

I'm skeptical about... (～については懐疑的です)

I doubt... (～であることを疑う)

I can't understand how... (どうすれば～なのか理解できません)

§1 質問を切り出す

▶ いきなり質問の内容を話し始めるのではなく、いったん「質問があるのですが」とひと呼吸置いて質問するときの切り出し表現を練習しましょう。

1 その点について質問があります。

2 いくつか質問をしてもよいですか。

3 質問があるんですが。

4 ちょっとお聞きしてもよいですか。

5 お聞きしたい質問があります。

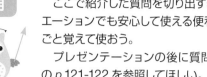

§1 質問を切り出す

12

ここで紹介した質問を切り出す表現は、どんなシチュエーションでも安心して使える便利な慣用表現だ。まるごと覚えて使おう。

プレゼンテーションの後に質問する表現は、Part 2 の *p*.121-122 を参照してほしい。

1 I have a question about that.

＊ about のかわりに on や regarding も使える。

2 May I ask you some questions?

＊ 2・3・4 の may や can はいずれも許可を求めるときに用いるもので、かわりに could を使えば丁寧さが増す。

3 Can I ask you a question?

4 Can I ask you something?

5 There is a question I'd like to ask (you).

§2 疑問を投げかける

▶ ここではいろいろな疑問や不信の気持ちを相手に伝える表現を練習しましょう。

1 あのレストランがこの時間に空いているかどうかは疑問です。

2 彼女のプロジェクトの進め方については疑問があります。

3 彼の言っていることは疑わしい気がします。

4 < doubt を用いて>
彼はたぶん来ないでしょう。

5 どうすればそういう結論になるのか理解できません。

§2 疑問を投げかける

13

I doubt if she is telling the truth. は「彼女が真実を言っているかどうかは疑わしい（定かではない）」。I doubt that she is telling the truth. は「彼女が真実を語っていることを疑う＝語っていないと思う」。ちなみに I don't doubt that she is telling the truth. は「私は彼女が真実を語っていることを疑わない」となる。

1 I doubt if **that restaurant is open at this time.**

2 I have doubts about **her way of proceeding with the project.**

＊この doubt は名詞で「疑問点、疑念」の意味。proceed with... は「～を進める、～を続ける」。

3 I'm skeptical about **what he is saying.**

＊ be skeptical about [of]... の形で「～に疑いを抱いている」の意味。

4 I doubt **he is going to come.**

＊この doubt の後には that が省略されている。

5 I don't understand how **you reached that conclusion.**

＊この表現は事実上、How did you reach that conclusion? と質問しているのと同じ役割を果たしている。

Part 1 トレーニング

このパートで学んできた表現を自分で使えるようになるためのトレーニングをしましょう。

英文の流れを理解しながら、日本語の指示を手がかりに、適切な英語の語句や文で各空欄を埋めてください。

解答を終えて、英文の全体の意味を確認できたら、下記の手順で、流れの中でポイントを自分のものにする音声トレーニングをやってみましょう。

① 音声を聞いて内容が把握できるか確認しましょう。

② 音声を聞きテキストを見ながら声に出して読んでみましょう（パラレルリーディングと言います）。特にキーポイントになっている部分に注意して読んでみてください。

③ 自然に読めるようになったら、テキストを閉じて音声についていくように声に出して言ってみましょう（シャドーイングと言います）。最初は音声についていくだけでいいですが、最終的には内容を理解して意味を伝えるつもりでシャドーイングしてみましょう。

④ B のパート、A のパートの順にロールプレイをやってみましょう。

1 職場の同僚ふたりがキャッシュレス決済について話しています。

14

A: Hi Andy, did you see the interesting TV show last night?

B: Are you talking about the program on cashless payment?

A: That's right. ❶ (　　) (　　) (　　) I should seriously consider it.

B: Are you still using cash to buy things?

A: Yes. ❷ (　　) (　　) (　　) I will have to give up some of my privacy if I go cash-free.

B: What privacy? You must have a credit card, and that means you've already given away some of your personal information.

❶ seem を使って推測を含む見解を導こう。

❷ look を使って推測を含む見解を導こう。

Part 1

A: I know, but ③ I (　　) (　　) I can keep things like my spending habits completely private once I start paying electronically using smartphone apps.

B: It's not that big of a deal. ④ (　　) (　　), ⑤ I (　　) society should be completely cash-free.

A: ⑥ I'm afraid (　　) (　　) (　　) (　　). There should be options for everyone. Some people don't even have bank accounts and can't get credit cards. Some people can't even buy smartphones.

B: That's true. ⑦ Well, (　　) (　　) (　　) (　　) more (　　) (　　). I have a meeting in five minutes.

❸疑念を表明しよう。

❹率直な考えを述べる前置きをしよう。

❺自分の考えを導こう。

❻相手の見解に反対しよう。

❼意見を保留し、話を次回に持ち越そう。

2 会議の場でプレゼンが終わり、発表者が質問を受けようとしています。

15

A: That's all for my presentation. Thank you.

B: OK, great, Jane. ❶ I'm (　　) (　　) your presentation was one of the best internal ones we've had so far this year. Thank you.

❶確信を持った発言内容を導こう。

A: Thank you very much.

B: Now, ❷ (　　) (　　) (　　) a question?

❷質問がある旨を伝えよう。

A: Sure, go ahead.

B: You said the falling sales this month may have been caused by seasonal elements. I didn't quite understand that point. What do you mean by that?

A: This month, we had three consecutive holidays, and, as usual, consumers spent more on leisure and travel on those days.

B: Do you mean people tend not to buy our products during times like that?

A: Yes, that might usually be the case.

B: ❸ (　　) (　　) (　　) (　　).

❸pointを使って部分的な同意を示そう。

A: But ❹ (　　) (　　), I'm not completely sure. That may be one reason why sales dropped, but we need to analyze the data further.

❹正直な考えを述べる前置きをしよう。

Part 1

B: ❺ (　　) (　　) (　　) (　　). Unfortunately, ❻ (　　) (　　) (　　) our sales have been falling moderately for several months regardless of the number of national holidays. ❼ (　　) (　　) (　　) (　　), but there might be some other reasons.

A: That's possible. We need to do more analysis. Thank you for the suggestion.

B: ❽ (　　) (　　) (　　) (　　) (　　) (　　) (　　), shall we?

❺相手に対する賛意を示そう。

❻appearを使って推測を含む見解を導こう。

❼wrongを使って反対意見をにおわそう。

❽意見を保留し、話を次回に持ち越す提案をしよう。

解答・日本語訳

1 A: ねえ、アンディー、ゆうべの面白いテレビ番組、見た？

B: キャッシュレス決済についての番組のこと？

A: そうそう。❶ (It seems that) どうやら私も真剣に考えてみたほうがよさそうだわ。

B: まだ現金で物を買ってるの？

A: そうよ。❷ (It looks like) キャッシュレスにすると、いくらかプライバシーを犠牲にしなければならなくなるような気がするの。

B: どんなプライバシー？　きっとクレジットカードは持ってるんだろうから、つまりはすでにある程度個人情報を犠牲にしてることになるよ。

A: わかってるけど、❸ (doubt that) 自分の消費行動なんかを誰にも知られないようにしておけるとは思えないのよ、いったんスマホアプリで電子マネーを使い始めちゃったら。

B: そんなの大したことじゃないさ。❹ (Frankly speaking) ❺ (think) 率直に言って、世の中が完全にキャッシュレスになったほうがいいと思うんだ。

A: ❻ (I don't think so) あいにく私はそうは思わないな。誰もが選択肢を与えられるべきよ。銀行口座さえ持っていない人だっているし、クレジットカードを持てない人もいる。スマホを買えない人だっているんだから。

B: それはそうだね。❼ (let's talk about this) (next time) まあ、この続きは次の機会に話そう。5 分後に会議があるんだ。

2 A: 以上で私からの発表を終わります。ありがとうございました。

B: うん、よかったよ、ジェーン。❶ (certain that) 間違いなく最高の社内プレゼンのひとつだったね、今年これまでやってもらった中で。ありがとう。

A: どうもありがとうございます。

B: さて、❷ (can I ask) ひとつ質問してもいいかな？

A: もちろんです、どうぞ。

B: 今月の売り上げの落ち込みの原因は季節要因かもしれないと言っていたね。その点がよくわからなかったんだ。どういう意味かな、季節要因というのは？

A: 今月は３連休がありました。たいてい消費者は、そうした連休には行楽や旅行のほうにお金をかけます。

B: つまり、みんなそのような時期にはうちの商品を買わない傾向があると？

A: ええ、たいてい、そうなるのではないかと。

B: ❸ (That's an interesting point) それは面白いポイントだね。

A: でも、❹ (honestly speaking) 正直なところ、完全に確信があるわけではありません。そのことは売り上げが落ち込んだひとつの理由かもしれませんが、データをさらに分析する必要があります。

B: ❺ (I agree with you.) 同感だ。あいにく、❻ (it appears that) どうやらうちの売り上げは数カ月にわたって緩やかに下がっているようだ、祝日の日数にかかわらず。❼ (I may be wrong) 間違っているかもしれないが、別の要因があるのかもしれない。

A: それはありえます。もっと分析しなければなりませんね。助言いただき、ありがとうございます。

B: ❽ (Let's talk about this again next time) この件については、次回もう一度話そうか。

Part 2

論理を組み立てながら話そうとするときに役立つ表現

ここでは、筋道立てて話そうとするときに役立つ慣用表現を練習します。話題を導入するところから、話をまとめるものまでを集めました。筋道の通った話をする上で必要な、視点や観点を示す、問題点を指摘する、論点を強調する、原因と結果を関連づけるための表現などを見ていきましょう。

論理を組み立てる

Part 2 で注目したいのは「論理を組み立てる」ということです。プレゼンテーションなどでまとまった内容のことを話そうとすれば、ある種の構造がなければ、話の方向性が見えず、結果としてまとまりのない話になってしまいます。まとまった内容のことを話すというのはプレゼンテーションに限ったことではありません。話題を導入する、視点・観点を示す、問題点を指摘する、論点を強調する、原因と結果を関連づけるなど、うまく言語的に表現することは、筋道の通った話をする上で必要なことです。ここでは、論理構成のために必要な慣用表現をいくつか取り上げ、目的に合わせて整理しておきたいと思います。

目的を述べる

「目的」に当たる英語には purpose、aim、objective、target などが含まれます。そこで目的を述べる英語の慣用表現は以下になります。

・The purpose of my presentation is to...
（私のプレゼンテーションの目的は～）

・The main objective of my talk is to...
（私の話の主な目的は～）

・The aim of my presentation is to...
（私のプレゼンテーションの目的は～）

・The target of our meeting today is to...
（私たちの今日のミーティングの目的は～）

これらはプレゼンテーションなどで改まった形で目的を述べる表現ですが、以下のような慣用表現もよく使います。

・Today I'm going to talk about the energy crisis.
（本日エネルギー問題についてお話をするつもりです）

・I'm here today to discuss the nature of the coronavirus.
（本日コロナウイルスの性質について議論をするためにここにいます）

目的を述べる際の動詞としては **talk about** や **discuss**（議論する）以外にも **review**（改めて検討する）や **overview**（全体を鳥瞰する）や **analyze**（分析する）あるいは **propose**（提案する）などがよく使われます。

よく使う動詞

talk about / discuss / review / analyze / propose / overview

例 ・**Today,** I'd like to review different opinions about **the new disease.**（今日は、新型の病気についてのいろいろな見解を改めて検討したいと思います）

・The main objective of my presentation is to discuss **the future of our public transportation.**（私のプレゼンの主な目的は公共交通の将来について議論することです）

因果関係を述べる

因果関係については、「AはBによって引き起こされている」というもので、BがAの原因になっている場合を言います。英語では、次のような表現のバリエーションがあります。

If you look at this figure, you will see a fall in prices.
（この数字を見ると、価格が下がっているのがわかるでしょう）

The fall in prices [is due to（〜のせいだ） / is caused by（〜によって引き起こされる） / is the result of（〜の結果だ） / is brought about by（〜によって引き起こされる） / results from（〜の結果である）] increased competition.

「この価格の下落は競争力が高まったことに起因する」という状況を表しています。

英語では、「原因を主語に立て、結果を述べる」という表現方法も広く用いられます。以下は、「価格が下がれば生産性の低下に繋がる」という状況を表現したものです。

The fall in prices [leads to（～を導く） / causes（～を起こす） / results in（～を導く） / brings about（～を引き起こす） / is the reason for（～の原因になる）] productivity decline.

通常、相関関係があることについては比較的容易に主張することができますが、因果関係があるかどうかの主張は容易ではありません。因果関係の主張にはたくさんの検討が必要なのです。

あることの結果を述べる

何かがあって、その結果として何かになるという流れを表現する際の定番といえば、以下になります。

as a result（結果として）
so（それで）
therefore（それゆえ）
consequently（その結果、したがって）
as a consequence（結果として）

例 **You've been eating too much lately, and as consequence, it seems that you put on a lot of weight.**（君は最近食べ過ぎだよ。で、当然の結果として、ずいぶん体重が増えたようだ）

将来の予測を立てる

結果を元にして将来の予測を立てることがあります。その場合、よく使われる動詞は、**expect**、**predict**、**anticipate**、**forecast** といったところです。forecast は名詞としても our forecasts（我々の予測）のように使います。なお、expect、predict、anticipate の名詞形はそれぞれ **expectation**、**prediction**、**anticipation** です。

We expect (that)...
（～を期待する）
We predict (that)...
（～を予言する、予報する）
We anticipate (that)...
（～を期する、予想する）
We forecast (that)....
（～を予測する、予期する）

our economy will pick up soon.

例 We forecast [Our forecasts show] **that the tourism and food industries will suffer the most in the long run.**
（我々の予測が示すところによれば、長期的にみれば旅行業と食品産業が最も被害を受けることになるだろう）

視点・観点を示す

何かを語る際に、「～に関して言えば」と視点・観点（話題）に言及することがよくあります。その際に、使われる決まり文句は以下のようになります。

concerning（～に関して言えば）
regarding（～に関しては）
as far as A is concerned（A に関する限り）
with respect to...（～に関しては）

with reference to...（～に関連して）

・Concerning **second language vocabulary, adults are generally better than young children.**（第二言語の単語に関して言えば、概して成人のほうが子どもよりも得意である）

・With respect to **social welfare, Japan is far behind other advanced countries.**（社会福祉について言えば、日本は他の先進国よりずっと遅れている）

要点を述べる

日常会話でも「私が言いたいのは」「つまり」ということをよく口にします。話が混乱してきたとき、「つまり、言いたいのは～ということです」と言うことで、話の流れの調整を行っているのです。プレゼンテーションでも、即興で話しているような演出が求められることが多々あります。そういう演出では、ここで紹介する「話しながら要点を示す手法」が有効です。要点を改めて述べることで、淡々と流れる話にメリハリをつける効果が生まれます。

要点の示し方

What I'm saying is that...（私が言いたいのは～、要するに～）

The point is that...（重要なのは～、要するに～）

What I'm stressing is that...（私が強調したいのは～）

What I'm getting at is that...（私が言いたかったのは～）

The crux of the matter is that...（問題の核心は～）

・What I'm saying is that **we have failed to grasp important opportunities.**（私が言っているのは、われわれは重要な機会を掴み損ねたということだ）

・The crux of the matter is that **we should stay home to save lives.**（問題の核心は何かと言えば、人命を救うため、（外に出ないで）家にいるということだ

示したポイントを「強調」したい場合には、次のような表現を使います。

This is what I want to emphasize.
（これが私の強調しておきたいことです）

I want to highlight [stress / underline] this point.
（このポイントが私の強調したいことです）

例 **We learn how to speak only by speaking.** This is what I want to emphasize.
（話すことによってのみ話せるようになるということです。これが、私が強調しておきたいことです）

要約する・結論を述べる

話を要約する際の、決まり文句と言えば、以下が含まれます。

to sum up（要約すると、まとめると、要するに）
to wrap up（締めくくりに）
to recapitulate（再度要点を繰り返すと）
to recap（要点をまとめると）

例 To sum up**, here is what you should remember.**
（まとめると、覚えておいてほしいのはこれです）

要約のポイントが３点あれば、それを列挙する方法が一般的です。

First...（最初に）
Second...（２番目は）
(And) third...（〔そして〕３番目は）

結論を述べる

次に結論に入るわけですが、結論として何かひとこと述べる場合がよく見られます。

To conclude, I'd like to say...（結論として、〜だと言いたいと思います）
I'd like to conclude by saying...（〜と申し上げて終わりにしたいと思います）
Let me end by saying...（〜と申し上げて終わらせていただきます）

例 To conclude, I'd like to say **once again that people learn a language through interaction.**
（結論として、私たちはは相互作用を通じて言語を学ぶのだということをもう一度言いたいと思います）

このように論理的に話をするコツは、ここで紹介したような慣用表現をうまく使って、話の流れを作ることです。

質問に応じる

最後に、話した内容について質問を受けることが予想されます。ここでは、質問に関する慣用表現のいくつかを見ておきます。ここで想定する場面は、何かについて発表し、聴衆から質問を受けるというものです。

質問者は、次のような表現を使って質問をしてくるでしょう。

Excuse me, **Mr. Johnson,** I'd like to ask about...
（すみません、ジョンソン博士。〜についておたずねしたいのですが）
I have a question about...（〜について質問があります）
Can I ask a general question here?
（ここで一般的な質問をしてもいいでしょうか）
I have three questions and one comment.（3つの質問とひとつのコメントがあります）

いくつかの質問をする際には、次のような表現もよく使われます。

This leads me to another question.
（このことはまた別の質問とつながります）

There's just one further question.
（ひとつだけさらに質問があります）

One last question is...（最後の質問は～です）

具体的に、質問をする際には、何に関した質問かを明らかにする必要があります。そして、焦点を当てた部分について質問するわけですが、いちばん多いのは内容の明瞭化を求める質問だといえます。

You mentioned (that)...（～とおっしゃいました）

Could we go back to...（～に立ち戻ってもよいでしょうか）

My question is whether...（私の質問は～かどうかということです）

I'd like to know more about...（～についてももっと詳しく知りたいと思います）

Regarding..., do you think that...（～に関してですが、～であると考えられていますか）

例

- **In your presentation,** you mentioned that **children are not necessarily better learners than adults.**（ご発表の中で、子どもは必ずしも大人より優れた学習者ではないとおっしゃいました）
- **Could you go back to Figure 3?** I'd like to know more about **the differences between the two groups.**
（図3に戻っていただけますか。ふたつのグループの差異についてもう少し詳しく知りたいと思いまして）

質問の多くは、内容（の一部）について明瞭化を求めるというものです。発表だけではよくわからなかったので、「もう少し詳しく話してほしい」とか「～についてどういうことか説明してほしい」というのが明瞭化です。

Could you be more specific about...?（～ついてもう少し詳しく説明していただけますか）

Would you tell me what you mean by...?（～はどういう意味か、教えていただけませんか）

You mentioned... What does it mean?（～だとおっしゃいましたが、それはどういう意味でしょうか）

例 **You mentioned that ruminating is not good for us.** Could you be more specific about that?

（反芻することはよいことではないとおっしゃいました。その点についてもう少し詳しく説明していただけますか）

中には批判的な質問もあるでしょう。その際のシグナルになる表現が以下です。

Can I be frank with you?（率直にコメントしたいのですが）

To be frank with you, I'm a little worried about...（率直に言って、～について少し気になります）

Are you aware that...（～ということにはお気づきでしょうか）

What is... and why exactly...?（～は何ですか、そして正確になぜ～なのですか）

This is going to be a rather critical question.（どちらかと言えば批判的な質問になります）

例 To be frank with you, **I'm a little worried about your conclusion. Can you tell me how you arrived at it in more detail?**（率直に言って、あなたの出した結論に少し懸念があります。どのように結論に到達したかもっと詳しく説明してくれますか）

ここで紹介した慣用表現は、プレゼンテーションなどで使うことができる、フォーマルなものが含まれます。しかし、日常場面でも何かまとまった話をしようとすれば、筋道を立てて話す努力をするため、日常のおしゃべりと比べれば、改まった表現も多用されます。ここでもそれぞれの表現が使われる状況を頭に浮かべながら、しっかり使えるよう訓練していってください。

Unit 1 議論を導入する

このユニットではスピーチやプレゼンテーションの話を導入し、目的を述べて問題点を明らかにする表現を見ていきます。

§1 トピックを導入する、目的を述べる

I'd like to talk about... （～についてお話ししたいと思います）

Let me talk about... （～についてお話しさせてください）

The purpose (aim) of my presentation is to...
（私のプレゼンテーションの目的は～）

The main objective of my talk is to...
（私の話の主な目的は～）

Let's discuss... （～を議論しましょう）

§2 視点・観点を示す

With respect to... （～に関しては、～については）

With reference to... （～に関連して）

From the point of view of...（～の視点から、～の観点から見ると）

In terms of... （～の点（面）から、～の見地から）

As far as A is concerned... （Aに関する限りは～）

§3 問題点や課題があると切り出す

We have an issue to discuss.
(話し合わなければならない問題があります)

I would like to explain in detail the problems we are facing now.
(私たちが直面している問題を具体的に説明したいと思います)

I would like to explain the problem / issue concretely.
(問題を具体的に説明したいと思います)

I'd like to clear up the questionable points.
(問題点を明らかにしておきたいと思います)

I think the problem lies in...
(問題は〜にあると思います)

§4 問題点や課題を具体的に示す

I realized what the problem is. That is...
(問題がどこにあるかわかりました。それは〜)

Here is the situation we need to consider seriously.
(これは私たちが真剣に検討する必要のある状況です)

What is at issue here is...
(ここで問題になっているのは〜です)

There is a problem with...
(〜の問題があります)

A big problem still remains. It's...
(大きな問題がまだ残っています。それは〜)

§1 トピックを導入する、目的を述べる

▶ ストレートに「～についての話をしたい」と今から何の話をするのかを言うときの表現を練習しましょう。ミーティングやプレゼンで使えます

1 現在、世界規模で深刻な問題になっている食品破棄・ロスについてお話ししたいと思います。

2 地球の平均気温が 2 度上がると何か起きるかということについてお話しさせてください。

3 私のプレゼンテーションの目的は、これからの将来性があるプラットフォームをどのように設計するかというものです。

4 私の話の主な目的はアメリカの図書館においてどのように電子図書館が活用されているかということについてです。

5 経費削減の方法についてを議論しましょう。

§1 トピックを導入する、目的を述べる

16

Part 2 は全体に、プレゼンテーションやスピーチ、ミーティングなどのビジネスでのシチュエーションの表現を見ていく。カジュアルな状況での話題の導入は Part 4 の *p*.217-218 で示す表現を参照してほしい。

1の I'd like to talk about... はよく用いられる導入の慣用表現。

1 I'd like to talk about **a serious global issue: food waste and loss.**

＊スピーチやプレゼンの冒頭でよく用いられる導入の表現。today が添えられることも多い。

2 Let me talk about **what happens when the average temperature of the earth rises by 2 degrees.**

3 The purpose of my presentation is **how to design a platform with future potential.**

＊ My presentation's purpose is... と言ってもよい。

4 The main objective of my talk is **to discuss how digital libraries are being used in American libraries.**

＊ main のかわりに major も使える。

5 Let's discuss **how to reduce costs.**

＊ discuss は「～について論じる、～について考察する」の意味でも使われるので、I'd like to discuss... の形も可能。

§2 視点・観点を示す

▶「〜ついては」「〜に関しては」「〜の面では」など、どういう観点から話をしようとしているのかを前置きする表現の練習をしましょう。

1 キャンペーンに関しては、来シーズンまで待つべきだと思います。

2 営業時間についてのあなたの e-mail に関連してですが、ホリデーシーズン中も変更はありません。

3 お客様の観点から見ると、新しい製品のシリーズが必要です。

4 サービスの面では、お客様に最善を尽くすことに努めています。

5 私について言えば、契約は相互に利益のあるウィンウィン（win-win）の状況です。

§2 視点・観点を示す

17

「～の観点から見ると」という表現には、「観点を限定する」場合や、議論が膠着したときなどに「～の視点から考えると」と別の視点や観点で物事を見るときにも使える。「～の観点からすると」には、in terms of...、from the aspect of...、from this (one's) point of view などがある。

1 With respect to the campaign, I think we should wait until next season.

＊この respect は「観点、事柄」の意味。

2 With reference to your e-mail about business hours, they will not change during the holiday season.

＊かわりに With regard to... という形も使える。

3 From the point of view of our customers, a new line of products is needed.

＊この場合は From our customers' point(s) of view, ... と言ってもよい。

4 In terms of service, we strive to do what is best for our customers.

＊ in terms of... は、in terms of miles（マイル換算で）のように「～の単位に換算して」の意味でも用いられる。

5 As far as I'm concerned, the contract is a win-win situation.

＊ As far as ～ goes, ...（～に関する限りは）という表現もある。

§3 問題点や課題があると切り出す

▶ 何か問題や課題があるという場合に、それを告げる表現を練習します。§4とあわせてさまざまな表現を練習しましょう。

1 話し合わなければならない問題があります。

2 問題を具体的に説明したいと思います。

3 私たちが直面している問題を具体的に説明したいと思います。

4 問題点を明らかにしておきたいと思います。

5 これは私たちが真剣に検討する必要のある状況です。

§3 問題点や課題があると切り出す

18

「問題」には、problem と issue をよく使う。厳密ではないが、problem は「解決されるべき問題」で、issue は「議論されるべき問題（論争）点」のようなニュアンスの違いがあり、problem のほうが深刻で重たいイメージ。solve a problem（問題を解決する）、problem solving（課題解決）のような使い方をする。

1 We have an issue to discuss.

＊ issue は problem よりもネガティブなニュアンスが弱い。「議論すべき課題」あるいは「懸念事項」の意味でよく使われる。

2 I would like to explain the issue concretely.

3 I'd like to explain in detail the problem we are facing now.

＊ face a problem（問題に直面する）は覚えておきたいコロケーション。

4 I'd like to clear up the questionable points.

＊ questionable は「疑問の余地のある、不確かな」の意味。

5 Here is the situation we need to consider seriously.

§4 問題点や課題を具体的に示す

▶ 問題点や課題があることを切り出すとともに、具体的に問題点や課題を示す言い方を練習しましょう。

1 ＜ lie in を使って＞
問題は意思決定のプロセスにあると思います。

2 サーバの容量の問題があります。

3 問題がどこにあるかわかりました。それは web サイトのメンテナンスのためのスタッフがいないことです。

4 ここで問題になっているのはシステムの改修に想定外のコストがかかることです。

5 大きな問題がまだ残っています。それは私たちの新しいウェブサービスのリリースをいつにするかということです。

§4 問題点や課題を具体的に示す

19

具体的にその問題点や課題を示す表現を見ていこう。The problem lies in...（問題は～にある）、There is [We have] a problem with...（～に問題がある）、I realized what the problem is. That is,...（問題が何かがわかった。それは～）、What is at issue here is that...（ここで問題になっているのは～）などがある。

1 I think the problem lies in **the decision-making process.**

＊ lie in... で「（問題、理由などが）～にある」の意味。

2 There is a problem with **the server capacity.**

＊ There is... のかわりに We have... でもよい。

3 I realized what the problem is. That is, **we don't have any website maintenance staff.**

＊この That is, ... は「すなわち、要するに」の意味。

4 What is at issue here is that **unexpected costs are required to repair the system.**

＊ at issue の形で「問題になっている、論争中の」の意味。

5 We have a big issue at hand. That is **when to release our new web service.**

＊ issue at hand のかわりに issue to discuss と言ってもよい。

Unit 2 議論を展開する

ここでは議論を組み立てる内容を豊かにする、論点を強調する言い方、原因と結果を関連づける言い方、根拠を示す言い方、仮説を述べる言い方など、議論を展開する表現を見ていきましょう。

このユニットでは９つのセクションを扱います。

§1 論点を強化する、強調する

In addition to this, ... （これに加えて）

(And) what's more... （おまけに、その上）

Most importantly, however... （しかし何よりも重要なのは）

What I want to emphasize is... （私が強調したいのは～）

This is what we need to stress. （これが私たちが強調する必要があることです）

§2 原因と結果を関連づける①＜AはBの結果＞

A was the result of B （AはBの結果でした）

A was caused by B （AはBに原因があります）

A was due to B （AはBによるものでした）

A was brought about by B （AはBによってもたらされました）

A resulted from B （AはBの結果でした）

§3 原因と結果を関連づける②＜A はB をもたらす＞

A led (leads) to B（A は B の結果を導きました）

A caused B（A は B の原因になりました）

A resulted in B（A は B の結果をもたらしました）

A brought about B（A は B をもたらしました）

A was the reason for B（A が B の原因です）

§4 参考資料などを示す

I'd like you to look at...（あなたがたに～をお見せしたい）

Let me show you...（～をご覧ください）

Let's have a look at...（～をご覧ください）

Can you see...?（～が見えますか）

Let me share...（～をシェアさせてください）

§5 出典・根拠・情報源を示す

according to...（～によると）

The paper(s) say(s) that...（～によると）

from what I hear [heard] (from＋人)
（～から聞いたところによると）

Going by what the newspaper says（新聞によると）

I watched an online news video that said...（～と言っているオンラインビデオニュースを見た / オンラインニュースビデオが～と言っているのを見た）

§6 出典・根拠・情報源を示しながら結果を述べる

The result of the experiment shows...（実験の結果では～）

According to the results of the questionnaire, ...
（アンケートの結果では～）

The figures (seem to) indicate...
（その数字は～を示してい〔るように思われ〕ます）

Our findings show...（私たちの調査結果は～を示しています）

This seems to suggest...（これは～を示唆しているようです）

§7 結果を述べる

as a result（結果として）

so（それで）

consequently / as a consequence（その結果、したがって）

therefore（それゆえ）

The results indicate...（その結果は～を示しています）

§8 予測を述べる

Our forecast shows that...（私たちの予測は～を示しています）

We forecast that...（私たちは～であると予測します）

We predict that...（私たちは～を予測します）

We expect that...（私たちは～であることを予期します）

We anticipate...（私たちは～を予想します）

§9 仮説を述べる

We started with the hypothesis that...

（～という仮説を立てることから始めました）

If we selected [chose] option A, we would...

（もしもオプションＡを選んだら～）

We formulated a hypothesis about...

（～についての仮説を立てました）

We formulated a hypothesis based on...

（～に基づいた仮説を立てました）

If the hypothesis is correct, ...（もしその仮説が正しければ～）

§1 論点を強化する、強調する

▶ 主張したいポイントを述べた上で、さらに、付け加える場合の表現や、主張したいことを強調する場合の表現を練習しましょう。

1 これに加えて、時間の制約もあります。

2 そのうえ、人材が不足しています。

3 しかし、最も重要なのは、この新製品が会社を救うことができる可能性があるということです。

4 私が強調したいのは、私たちが協力しなければ成功することはできないということです。

5 これが私たちが強調する必要があることです。

§1 論点を強化する、強調する

20

追加して論点を補強するのに役立つ表現としては、in addition (to this), ...（〔これに〕加えて）、what's more（さらに）、moreover（その上、さらに）などがある。ちなみに what's worse だと「さらに悪いことには」。

主張を強調する表現としては、emphasize、stress、underline、put emphasis on... などがある。

---

1 In addition to this, **there are also time constraints.**

＊ to this を省いて In addition, ... と言ってもよい。

---

2 What's more, **we lack the manpower.**

＊ Moreover, ... と 1 語で表現することもできる。

---

3 Most importantly, however, is that **this product could save our company.**

---

4 What I want to emphasize is **that we can't succeed unless we work together.**

＊ emphasize のかわりに put [lay / place] emphasis on... という形を用いることもできる。

---

5 This is what we need to stress.

＊この stress は 4 の emphasize や underline といった語で言い換えることもできる。

§2 原因と結果を関連づける① <A は B の結果>

▶ A と B の因果関係を述べる表現を 2 回にわたって練習します。今回は A が結果、B がその原因になる場合です。

1 地球温暖化は大量の二酸化炭素の排出の結果でした。

2 地球の温暖化は大量の二酸化炭素の排出に原因があります。

3 南極の氷床が溶けるのは地球温暖化によるものです。

4 気候変動は温室効果ガスによってもたらされました。

5 大量の二酸化炭素の排出は、人口増加と産業および経済の発展に起因していました。

§2 原因と結果を関連づける①< A は B の結果>

21

ここでは主語が行為などの「結果」を表す場合の表現の練習をする。主語が「結果」を表すために、2 や 4 で見られるように cause (~の原因となる、引き起こす) や bring about (引き起こす、もたらす) のような動詞 (句) を用いると受動態で表されることになる。due to... は「~の結果」、result from... は「~に起因する」。

1 Global warming is the result of a large amount of carbon dioxide emissions.

＊ result のかわりに consequence や effect を使っても、ほぼ同じ意味を表せる。

2 Climate change has been caused by greenhouse gases.

＊ caused のかわりに brought about [on] を使ってもよい。

3 The melting of the Antarctic ice sheet is due to global warming.

＊ due to... のかわりに because of... も使える。

4 Climate change was brought about by greenhouse gas emissions.

5 A large amount of carbon dioxide emissions resulted from population growth and industrial and economic development.

§3 原因と結果を関連づける②
＜AはBをもたらす＞

▶ 引き続き、AとBの因果関係を述べる表現の練習しましょう。§2のAとBが逆転します。Aが原因、Bが結果を表します。

1 大量の二酸化炭素の排出は地球温暖化を導きました。

2 温室効果ガスは気候変動を引き起こしました。

3 気候変動の結果、南極の氷床が溶けました。

4 温室効果ガスの排出は地球温暖化をもたらしました。

5 人口の増加と産業経済の発達が石油や天然ガス、石炭のような化石燃料の大量消費の原因となった。

§3 原因と結果を関連づける②<AはBをもたらす> 22

ここでは主語が「原因」を表す場合の表現の練習をする。主語が「原因」を表すために、文は能動態になる。lead to... は「〜(という結果)をもたらす」、cause は「〜を起こす」、bring about... は「〜を引き起こす」、result は要注意で、result from... は「〜に起因する、〜から生じる」だが、result in... は「〜という結果をもたらす」。

1 A large amount of carbon dioxide emissions led to global warming.

＊ lead to... は「〜につながる、〜をもたらす」の意味で、to の後に結果を表す語句がくる。

2 Greenhouse gases have caused climate change.

3 Climate change results in the melting of the Antarctic ice sheet.

＊ result in... は「〜という結果をもたらす」の意味。

4 Greenhouse gas emissions brought about global warming.

5 Population growth and industrial and economic development were the reasons for mass consumption of fossil fuels such as oil, natural gas and coal.

§4 参考資料などを示す

▶ ここではプレゼンテーションやミーティングの説明で、資料やグラフや図などを使って、説明するときの言い方を練習しましょう。

1 あなたがたにフランスにおけるひとり当たりのワイン消費量の変遷のグラフをお見せしたい。

2 世界のエネルギー移行の推移のグラフをご覧ください。

3 26 ページの表 5 をご覧ください。

4 このページのグラフが見えますか。

5 このプレゼンテーションのデータをシェアさせてください。

§4 参考資料などを示す

23

「資料」は materials や documents。「参考資料」は references もしくは reference material。「参考資料をご覧ください」は Please see the references. と言える。「ご覧ください」と言うときには see、look at... が使える。have (take) a look at... とも言えるが、ややカジュアルな表現になる。

---

1 I'd like you to look at **this graph showing the change in per capita wine consumption in France.**

＊ take [have] a look at... を用いると、ややくだけたニュアンスになる。

---

2 Let me show you **a graph illustrating the global energy transition.**

---

3 Let's have a look at **Table 5 on page 26.**

＊ table（表）のかわりに chart（図表）でもいい。chart は table も graph も含む広い概念を表す。

---

4 Can you see **the graph on this page?**

---

5 Let me share **this presentation data.**

§5 出典・根拠・情報源を示す

▶ 今から話す内容が、何に基づいたものなのかを「～によると」などと言って示す言い方を練習します。

1 最新の分析結果によると、気温上昇の原因は人間社会の温室効果ガス排出である確率が 95%以上である。

2 気象予報士によると、梅雨明けは来週になりそうです。

3 ジョンによると、プロジェクトは順調に進んでいるようです。

4 ウェブセミナーの講師から聞いたところによると、政府は医療、教育など様々な分野から人々のビッグデータを集める計画のようだ。

5 昨夜インターネットのニュースで緊急事態宣言が出されるのを見た。

§5 出典・根拠・情報源を示す

24

よく使われるのは according to... で、そのあとに続く語句によって、さまざまな言い方ができる。例えば according to information released by...（～が公表した情報によれば）、according to statistics provided by...（～が提供した統計によれば）、according to a source close to...(～の情報筋によれば）などと言える。

1 According to the latest analysis, there is a 95% or higher probability that greenhouse gas emissions by humans are the cause of the rise in temperature.

2 The weather forecaster says that the end of the rainy season is likely to be announced next week.

3 From what I heard from John, the project seems to be going well.

4 Going by what the lecturer of the webinar says, the government plans to collect big data of people from various fields such as medical care and education.

5 Last night I watched an online news video that said a state of emergency was issued.

＊このように watch を用いると「動画」を見ることが含意される。

§6 出典・根拠・情報源を示しながら結果を述べる

▶ 出典・根拠・情報源を示しながら、結果として何を示すかを述べる言い方を練習しましょう。

1 実験の結果では**ワクチンが安全であること**を示しています。

2 **PCR 検査**の結果によると、**あなたは陰性です。**

3 この数字は**貧困家庭の増加**を示しているようです。

4 私たちの調査結果は、**子どもたちがウイルスに感染する可能性が低いこと**を示しています。

5 アンケートの結果は**顧客サービスの改善が必要であることを**示唆しています。

§6 出典・根拠・情報源を示しながら結果を述べる

25

根拠を示しながらどういう結果であったかを具体的に示す例には、The result of the experiment shows that...（実験の結果は～を示している）、According to the result of A, ... (A の結果によると～)、A indicates... (A は～を示して〔示唆して〕いる)、Our findings show...(調査結果は～を示している) などがある。

1 The result of the experiment shows that **the vaccine is safe.**

＊ shows のかわりに indicates も使える。

2 According to the result of **the PCR test, you are negative.**

＊「陽性」は positive。

3 The figures seem to indicate **an increase in poor families.**

＊この figures は「数値、金額、値」の意味。この意味では原則的に複数形で用いられる。

4 Our findings show that **children are unlikely to catch the virus.**

5 The result of the questionnaire shows that **we need to improve customer service.**

＊ questionnaire のかわりに survey でもよい。

§7 結果を述べる

▶ さまざまな表現を使って、端的に結果を述べる言い方を練習しましょう。

1 プロジェクト全体のコスト削減を余儀なくされましたが、そのプロジェクトは結果的には成功したのです。

2 それで、それは本当に私たちの唯一の選択肢です。

3 結果的に、彼は辞任するように求められました。

4 それゆえ、あなたの計画はうまくいったのです。

5 その結果は、当社のマーケティングチームが優れていることを示しています。

§7 結果を述べる

26

端的に結果を述べる言い方を紹介する。as a result は「ある行為をした結果～だった」、So, は前に述べられたことを受けて、「結論として、So 以下のことだ」、Consequently は「結果的に」、Therefore は「それゆえ～」を表す。The results indicate... は 1 ～ 4 と異なり、結果が何を示すのかを表している。

1 We were forced to cut costs for the entire project, but it was successful as a result.

＊この as a result は、but の直後に置いてもよい。

2 So, that was really our only option.

3 Consequently, he was asked to step down.

4 Therefore, your plan worked.

5 The results indicate we have a great marketing team.

§8 予測を述べる

▶ 将来どうなるのか、予測を述べる表現を練習しましょう。

1 天気予報では週末は雨になると言っています。

2 私たちは 40%の増益を予測したが外れた。

3 本がヒットするかどうかを予測するのは難しい。

4 この映画はアカデミー作品賞を取るのではないかと期待しています。

5 私たちは競合社が新製品を投入してくるだろうと先読みして手を打っています。

§8 予測を述べる

27

「予測する」に意味が近い動詞は多い。forecast は専門家が予測するとき、例えばデータに基づいて天気を予報するときなどに使い、predict は forecast よりも広い意味で「予測する、予想する、予言する」、expect と anticipate は良い予想、悪い予想の両方に使える。anticipate は結果に対して準備できている場合に使われる傾向がある。

1 The weather forecast says (that) it will rain during the weekend.

2 We forecast a 40% increase in profit, but we were wrong.

＊ forecast の過去形は forecasted も用いられるが forecast が過去形で用いられることが多い。。

3 It is difficult to predict whether a book will be a hit.

4 I'm expecting this movie to win an Academy Award for Best Picture.

＊ expect は 5 の anticipate とほぼ同義で「〜を予想する、〜を予測する」の意味。良いことにも悪いことにも使われる。

5 We anticipated (that) competitors would launch new products and have taken action.

§9 仮説を述べる

▶ 仮説について述べる言い方を、hypothesis（仮説、前提）という言い方を活用しながら、言ってみましょう。

1 私たちは彼の理論に基づいた仮説を立てました。

2 将来、人口と国力は比例するという仮説を立てることから始めました。

3 もしその仮説が正しければ、人口の大きい国は今後世界経済に与える影響が大きくなっていくでしょう。

4 人口とGDPと国土の広さと資源の関係についての仮説を立てました。

5 もしも移民に対して門戸を解放するという政策を選んだら、日本も人口減少を食い止められるかもしれない。

§9 仮説を述べる

28

「仮説」は hypothesis、「仮説を立てる」の動詞は formulate、form、make がある。「〜に基づく仮説」は a hypothesis based (up)on…。「私たちはその仮説を検証した」は test を用いて、We tested that hypothesis. と言い、「その仮説を実験で検証した」は We tested that hypothesis experimentally. となる。

1 **We formulated a hypothesis based on his theory.**

＊ formulate のかわりに make、form も使われる。

2 **We started with the hypothesis that, in the future, population and national power will be proportional.**

3 **If the hypothesis is correct, countries with a large population will have a greater impact on the world economy in the future.**

4 **We formulated a hypothesis about the relationship between population, GDP, land area and resources.**

5 **If Japan chose a policy of opening its doors to immigrants, it could stop the population decline.**

Unit 3 要約と結論を述べる

プレゼンテーションやスピーチの内容を詳しく組み立てて話した後、最後に話した内容をまとめなければなりません。このユニットでは要点を述べたり、要約をしたり、結論を述べる表現を見ていきます。

§1 要点を述べる

I'd like to summarize the main points（要点をまとめさせていただきます）

In short, ...（つまり～）

The point is...（重要なのは～）

What I'm getting at is...（私が言いたいのは〔要するに〕～）

Let me get to the point.（要点を述べさせてください）

§2 要約を述べる

To sum up, ...（要約すると、まとめると）

To summarize, ...（要約すると、まとめると）

In summary,（要約すれば、まとめれば）

I'd like to summarize the key points, which are...（大切な点を要約させていただくと、それは～）

Let's recap, ...（要点をまとめると）

§3 結論を述べる

My conclusion is the following point.
（私の結論を申し上げます）

We concluded that...
（私たちは～だと結論づけました）

In conclusion, let me leave you with this thought...
（結論として～という考えをみなさんに述べさせてください）

As it turns out, ... （結局のところ～）

To conclude, ...（最後に、 結論として）

§1 要点を述べる

▶ 議論や、スピーチ、プレゼンテーションにおいて、ひと通り話してきた途中や終わりで、ポイントを端的に言うときの表現を練習しましょう。

1 要点をまとめさせていただきます。

2 つまり、現状の製品ではこれ以上多くのユーザーを望めないので、新製品を開発する必要があるということです。

3 重要なのは実際に決めた後、私たちがそれを実行できるかどうかということです。

4 私が言いたいのは、このような重大な欠陥をなぜ今まで誰も気がつかなかったのかということです。

5 要点を述べさせてください。

§1 要点を述べる

29

端的に「要点を述べたい」と言うときの前置きは、I'd like to summarize the main point. や Let me get to the point. と言える。「つまり～と言うことです」のように、すぐに要点を述べる場合には、In short,...、The point is... と述べればよい。ほかに The crux of the matter is...（問題の核心は～）のような言い方もある。

---

1 I'd like to summarize the main point.

＊ summarize は、その名詞形 summary を使って make a summary of... と言い換えることもできる。

---

2 In short, **we can't expect more users with the current product, so we need to develop a new one.**

---

3 The point is **whether we can do it after actually making a decision.**

＊ point のかわりに thing を使って The thing is... と言うこともできる。

---

4 What I'm getting at is **why anyone hasn't ever noticed such a serious flaw.**

＊ get at... は「～を言おうとする、～を意味する」の意味。

---

5 Let me get to the point.

＊ get to the point の形で「要点を話す、核心を突く」という意味を表す。

§2 要約を述べる

▶ 議論、スピーチ、プレゼンテーションの終わりで、今まで述べてきたことを短くまとめるときの前置きの言い方を練習しましょう。

1 要約すると、気候変動を食い止めるための時間がなくなっているのです。

2 要約すると、利益が大きく向上したのです。

3 まとめれば、私たちはこの競争の中でかなり有利な位置にいるということです。

4 大切な点をまとめたいと思います、それは「収益性」と「チームワーク」です。

5 今日のミーティングのポイントをまとめましょう。

§2 要約を述べる

30

プレゼンテーションやスピーチの場合には、I'd like to summarize what I told you today.（本日お話ししたことをまとめたいと思います）などと言ったあとに、話をまとめてもよい。下記の 1 から 3 の例は、「要約すると」にあたる To sum up や To summarize や In summary の後に一文でまとめを述べている。

1 To sum up, **the time is running out to reverse climate change.**

＊ run out は「使い果たす、時間切れになる」の意味。

2 To summarize, **profits have improved significantly.**

3 In summary, **we are in a pretty good position in this competition.**

4 I'd like to summarize the key points, which are **"profitability" and "teamwork."**

＊ key points は、単に points でもよい。

5 Let's recap **the point of today's meeting.**

＊ recap は recapitulate（～を要約する）を短縮した形。

§3 結論を述べる

▶ スピーチやプレゼンテーションの最後で、結論を述べる言い方を中心として、最後の締めの言葉まで練習しましょう。

1 私の結論を申し上げます。出生人口を増やすためには、育児に対する女性の負担を減らすことが必要です。

2 本製品に対する販売戦略を見直すという結論になりました。

3 結論として、試行錯誤をしながらも新しいシステムに慣れていかなければならないと考えていることを、述べさせてください。

4 結局のところ、この本日話した問題が解決するにはまだ何年もかかると思います。

5 最後に、支えてくださったスタッフのみなさんに心より感謝したいと思います。

§3 結論を述べる

31

1から3は結論を述べる言い方。結論なので動詞のconclude、名詞のconclusionを用いている。My conclusion is that...、We concluded (that)...、In conclusion,...、To concludeなどの言い方を練習しよう。なお、5はスピーチやプレゼンテーションの終わりに、スタッフなどに対する感謝を述べることば。

1 My conclusion is the following points.
In order to increase the birth population, it is necessary to reduce the burden on women for childcare.

2 We concluded that **we have to reexamine our marketing strategy for this product.**

3 In conclusion, let me leave you with this thought **that we have to get used to the new system through trial and error.**

4 As it turns out, **I think it will take years to solve this problem I talked about today.**

＊ as it turns out, ... で「結局のところ」の意味。turn outは「結局～になる」という結果を表す動詞句。

5 To conclude, **I would like to express my sincere gratitude to all the staff who supported me to the end.**

＊ To conclude, ... は3のIn conclusion, ... に言い換えてもよい。

Unit 4 プレゼンを締めて質疑応答へ

プレゼンテーションの場合、聴衆に対して礼を述べて終わりにします。公式的なプレゼンテーションであれば、司会者が質疑応答を仕切りますが、非公式の小さめのプレゼンテーションであれば、発表者が自ら質問を受けて答えることもあります。§1ではプレゼンを終えて質疑応答に移るときの表現を、§2では、聴衆に立場を移して質問やコメントをするときの表現を見ていきましょう。

§1 プレゼンを締めて質疑応答に移る

Thanks for listening.
（ご清聴をありがとうございました）

That is all for my presentation.
（これでプレゼンテーションを終わります）

Now let's move on to questions.
（では質疑応答に移りましょう）

I'm now ready for your questions.
（今からご質問を受けさせていただきます）

Are there any questions?
（何かご質問はありませんか）

§2 質問・コメントをする

Excuse me, I'd like to ask about...

（～についておたずねしたいのですが）

I have (two) questions and (one) comment(s).

（〔ふたつ〕の質問と〔ひとつ〕のコメントがあります）

You mentioned that... Could you be more specific about this?

（～だとおっしゃいましたが、その点についてもう少し詳しく説明していただけますか）

Regarding..., do you think...?

（～に関してですが、～であると考えておられますか）

I'd like to say something about what you said.

（あなたがおっしゃったことについてひとことい申し上げたいのですが）

§1 プレゼンを締めて質疑応答に移る

▶ プレゼンテーションの最後の締めの言葉と、質疑応答に移って質問を受けるときの言葉を練習しましょう。

1 ご静聴をありがとうございました。

2 これでプレゼンテーションを終わります。

3 では質疑応答に移りましょう。

4 今からご質問を受けさせていただきます。

5 何かご質問はありませんか。

§1 プレゼンを締めて質疑応答に移る

32

ここではプレゼンテーションを想定して、質問を受けるまでの表現を練習しよう。小さい会合では、プレゼンテーションをした人が自分で仕切って質問を受けることもあるが、ある程度の規模がある会場では、司会者がマイクを持って、聴衆から質問を受け付ける。2と4は発表者、1、3、5はいずれでもOK。

1 Thank you for listening.

＊カジュアルに Thanks for listening. とも言える。

2 This is all for my presentation.

＊ This is all for... のかわりに That's all for... や That's it for... も使える。

3 Now let's move on to the questions.

＊ move on to... で「～に進む」の意味。go on to... でもよい。

4 I'm now ready for your questions.

5 Are there any questions?

＊ Do you have any questions? または単に Any questions? でもよい。

§2 質問・コメントをする

▶ §1は、プレゼンテーションをする側が質問を求める表現を練習しましたが、ここでは逆に質問をする側の立場に立った表現を練習してみましょう。

1 すみません、グラフ2についておたずねしたいのですが。

2 ふたつの質問とひとつのコメントがあります。

3 SDGsは高校の教科書で取り上げられるだろうとおっしゃいましたが、その点についてもう少し詳しく説明していただけますか。

4 SDGsに関してですが、実際にどの程度、日本において浸透していると考えておられますか。

5 あなたがおっしゃったことについてひとこと申し上げたいのですが。

§2 質問・コメントをする

33

ここではプレゼンテーションを聞いていた側が質問をする例。普通はプレゼンをした人に対して、Thanks for your wonderful presentaiton.（素晴らしいプレゼンをありがとうございました）などと感謝の意を示す。その後、I'm Taro Tamada from ABC Company. などと名前と所属を言って質問をする流れになる。

1 Excuse me, I'd like to ask about **graph 2.**

＊ ask の後に you を入れてもよい。

2 I have **two** questions and **one** comment.

3 You mentioned that **SDGs will be featured in high school textbooks.** Could you be more specific about this?

＊相手が述べたことをそのまま言って、それを詳しく説明してもらう言い方。

4 Regarding **SDGs, to what extent** do you think **they are actually pervasive in Japan?**

＊ regarding は as for... や about などで言い換えることもできる。

5 I'd like to say something about what you said.

＊この something は「何か」ではなく「あること、ひと言」の意味。

Part 2 トレーニング

このパートで学んできた表現を自分で使えるようになるためのトレーニングをしましょう。

英文の流れを理解しながら、日本語の指示を手がかりに、各空欄を適切な英語の語句や文で埋めてください。

解答を終えて、英文の全体の意味を確認できたら、下記の手順で、流れの中でポイントを自分のものにする音声トレーニングをやってみましょう。

① 音声を聞いて内容が把握できるか確認しましょう。
② 音声を聞きテキストを見ながら声に出して読んでみましょう（パラレルリーディングと言います）。特にキーポイントになっている部分に注意して読んでみてください。
③ 自然に読めるようになったら、テキストを閉じて音声についていくように声に出して言ってみましょう（シャドーイングと言います）。最初は音声についていくだけでいいですが、最終的には内容を理解して意味を伝えるつもりでシャドーイングしてみましょう。
④ Bのパート、Aのパートの順番にロールプレイをやってみましょう。

1 食品の流通を手がける会社で、食品ロスについてのプレゼンが行われています。

34

Today, ❶ I'd (　　) (　　) (　　) (　　) a serious global issue, food waste and loss, from several points of view. I hope this will be of help in considering our future business strategies as a food distributor.

❶would like to を使ってトピックを導入しよう。

Many countries in the world have recently been working hard to reduce the amount of wasted food. Here is an example from the U.K. ❷ (　　) (　　) research, people in the U.K., including both consumers and food businesses, threw away over 7 million tons of food a year in the early 2000s. By 2018, however, that declined to approximately 4 million tons.

❷情報源を示そう。

Of course, the U.K. does not think that this is enough. They have set a goal to reduce the amount by an additional 1.5 million tons by 2025.

In Japan, the government says more than 6 million tons of food is thrown away each year. ❸ (　　) (　　) (　　) (　　) this chart showing the breakdown of food waste and loss in Japan. ❹ (　　) (　　) (　　) (　　) (　　) (　　) the large amount of food waste and loss caused by business sectors, in particular. ❺ And (　　) (　　) (　　), the Japanese government says the cost to handle this food waste is estimated at $19 billion. Japan's goal is to cut the costs of food waste by 50% from the levels in 2000. It hopes to reach this goal by 2030.

❸ look を使って資料に目を向けさせよう。

❹ issue を使って議論のポイントを導こう。

❺ 論点を追加・強調しよう。

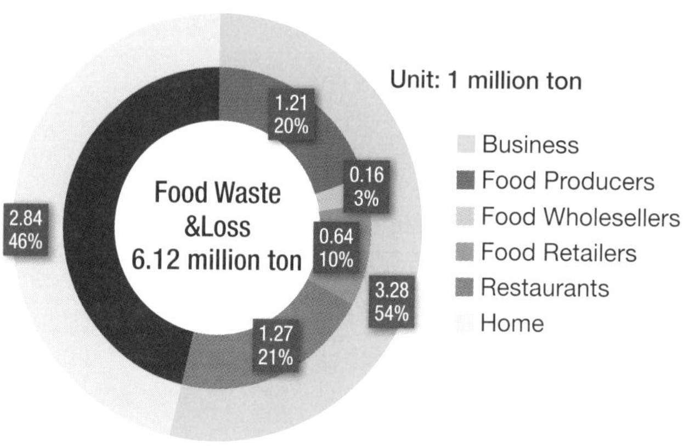

Before we explore this topic in more detail, we should clarify it ❻ (　　) (　　) of word definitions. To be exact, food waste and food loss are a little different. ❼ (　　) (　　) (　　) (　　) (　　) a lecturer at a seminar I participated in the other day, food waste is usually food that's thrown away by consumers or businesses such as restaurants and grocery stores. For example, someone forgets about the food in the back of their pantry for several weeks until it goes bad, or a grocery store scraps what could still be eaten only because it doesn't look nice enough to sell. ❽ (　　), food waste sometimes happens by accident, and sometimes on purpose.

❻話の観点を明確にしよう。

❼from を 2 回使って情報源を示そう。

❽1 語で結論を導こう。

Food loss, on the other hand, occurs in different situations. Typically, it happens when food does not reach consumers and businesses due to delivery delays, damage during transportation, storages and so on. ❾ (　　) (　　) (　　) this, more seriously, food loss also happens for business-related reasons, especially in the agricultural industry. For instance, in many countries, food producers belong to groups like agricultural cooperative associations. Those groups often try to restrict the shipping volume in order to keep prices high. For this reason, farmers can only sell a limited amount and as a result have to dispose of what is left.

❾論点を追加・強調しよう。

2 素材メーカーの会議で、レジ袋の環境汚染問題についてプレゼンが行われています。

🔊 35

Today, ❶ I'm (　　) (　　) (　　) (　　) the impact of plastic bags on the environment. Now that a relevant law is in effect, we can't ignore this global issue as a material supplier.

❷ (　　) (　　) (　　) (　　) Japanese people use approximately 30 billion plastic bags a year. Surprisingly, ❸ (　　) (　　) (　　) people in the United States use 380 billion plastic bags. People around the world have increased their use of plastic bags mainly because they are very cheap to mass-produce. A plastic bag can be produced for only 1 yen, while a paper bag costs 5 yen. Many stores and shops have provided customers with plastic bags for free, which ❹ has (　　) (　　) (　　) by this low cost. Most people use plastic bags only once and throw them away, or reuse them for taking garbage out. ❺ (　　), most of the bags are burned with other trash, buried in the ground or dumped in the sea.

❶ be going to を使ってトピックを導入しよう。

❷ paper を使って複数の新聞が情報源であることを示そう。

❸ hear を使って漠然と情報源を示そう。

❹ 因果関係・事の背景を受動態で示そう。

❺ 1 語で結果を導こう。

⑥ Here are the situations ( ) ( ) ( ) ( ) ( ) ( ). When we burn plastic bags, they release toxic chemicals into the atmosphere, and that causes extensive air pollution. When plastic bags are buried, they take over 500 years to break down completely. Before they break down, they not only emit greenhouse gasses that ⑦ ( ) ( ) global warming but also pollute soil. And when plastic bags are thrown out into the ocean, they drift around, release harmful chemicals and break into extremely small pieces to create microplastics, all of which endanger marine life. ⑧ ( ) ( ), however, fish and other sea creatures eat plastics in the ocean, pass pollutants to others in the food chain, and ⑨ ( ) ( ) ( ), we consume the pollutants as well.

❻真剣に議論すべき問題点があることを示そう。

❼ lead を使って因果関係を示そう。

❽最も重要な論点を導こう。

❾ 3 語で結果を導こう。

解答・日本語訳

1 今日、❶ (like to talk about) お話ししたいのは、深刻な世界規模の問題である食品廃棄･ロスについてです。いくつかの観点からお話しします。これが、食品流通業者である当社のこの先の事業戦略を考える上で、一助となればと思っています。

世界中の多くの国が近年、廃棄食品の量を減らそうと躍起になっています。英国の例を紹介しましょう。❷ (According to) 研究によると、英国の人々は、消費者も食品関連事業者も含めて、年間 700 万トンを超える食品を廃棄していました。2000 年代前半のことです。しかし 2018 年までに、その量は約 400 万トンにまで減少しました。もちろん、英国はそれで十分だとは考えていません。同国が定めている目標は、さらに 150 万トンを 2025 年までに減らすというものです。

日本では、政府によると 600 万トンを超える食品が毎年廃棄されているといいます。❸ (Take a look at) この図を見てください。日本での食品廃棄・ロスの内訳を示しています。❹ (What is at issue here is) ここで問題なのは、事業関連の食品廃棄・ロスが特に大量だという点です。❺ (what's more) その上、日本政府によれば、こうした食品廃棄物の処理にかかるコストは 190 億ドルに上る計算だといいます。日本の目標は、食品廃棄物の処理費用を 2000 年の水準の 50 パーセントに削減することです。政府は、この目標を 2030 年までに達成しようともくろんでいます。

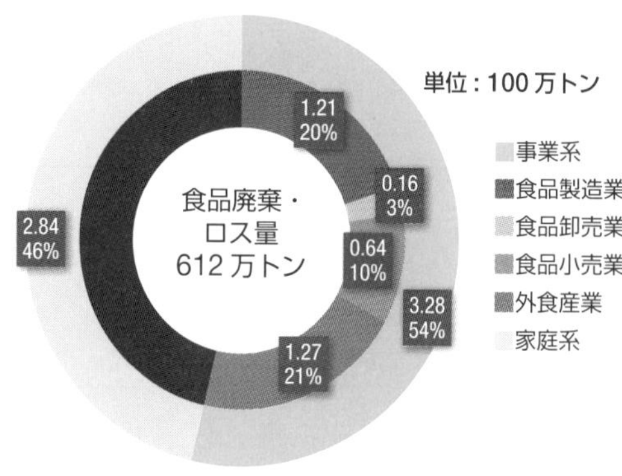

この話題をさらに掘り下げる前に、❻ (in terms) 言葉の定義という点で明確にしておいたほうがいいでしょう。厳密に言えば、食品廃棄と食品ロスは少し違います。❼ (From what I heard from) 先日参加したセミナーで講師から聞いたところでは、食品廃棄は通例、消費者や、レストラン、スーパーマーケットなどの事業者によって食品が捨てられることです。例えば、ある人が食べ物を自宅の食品庫の奥に数週間しまい込んだ結果、腐らせてしまったり、スーパーマーケットがまだ食べられる食品を、見栄えが悪くて売れないという理由だけで捨ててしまったりする場合です。❽ (Therefore / So,) 従って、食品廃棄は偶然行われることもあれば、意図して行われることもあるわけです。

これに対して、食品ロスが発生する状況は異なります。典型的な発生事例として、食品が、配送の遅れや、運送、保管などの途中で傷んでしまう場合が挙げられます。❾ (In addition to) これに加えて、さらに深刻なことに、食品ロスの発生にはビジネス上の理由もあります。とりわけ農業にこれが当てはまります。例えば、多くの国で農業生産者は農協のような団体に所属しています。こうした団体は往々にして、出荷量を制限することで価格を高めに維持しようとします。これが理由で、農家は限られた量の生産物しか売ることができず、結果的に、売れ残った分を廃棄せざるを得ないのです。

2 今日、❶ (I'm going to talk about) これからお話しするのは、レジ袋の環境への影響についてです。関連法が施行された今、当社も素材供給業者としてこの地球規模の問題を無視できません。

❷ (The papers say that) 新聞各紙によると、日本人は年間およそ300億枚のレジ袋を使っていると言います。驚いたことに、❸ (I hear that) 聞くところでは米国人は3,800億枚のレジ袋を使っているそうです。世界中の人のレジ袋の使用量が増えてきた主な理由は、非常に安価に大量生産できることです。レジ袋1枚はたったの1円で生産できます。一方、紙の袋を1枚作るには5円かかるのです。多くの店舗で客にレジ袋が無料で配布されていますが、これが❹ (been brought about) 実現してきた背景にはこの低コストがあります。たいていの人がレジ袋を1度だけ使って捨ててしまうか、ごみ出しのために再利用するかです。❺ (Consequently) 結果的に、レジ袋の大半が他のごみと共に燃やされるか、地中に埋められるか、海洋に投棄されてしまいます。

❻ (We need to consider this [it] seriously) ここに真剣に検討しなければならない状況があります。レジ袋を燃やすと、有毒な化学物質が大気中に放出され、それが広範な大気汚染を引き起こします。レジ袋が埋められた場合、完全に分解されるのに500年かかります。分解される前に、袋は地球温暖化に❼ (lead to) つながる温室効果ガスを排出しますが、それればかりか土壌も汚染してしまいます。そしてレジ袋が海洋に投棄されると、袋は海中を漂い、有毒な化学物質をまき散らしながら極小の粒子に砕けて、マイクロプラスチックになります。これら全てが海洋生物を危険にさらすのです。❽ (Most importantly) しかし、何よりも重要なのは、魚をはじめとする海洋生物が海中のプラスチックを食べてしまい、汚染物質を食物連鎖の中で他者に引き渡し、❾ (as a consequence [result]) 結果として、われわれ人間もその汚染物質を食べることになるのです。

Part 3

判断と説明を示す表現

ここでは、まず、ものごとに対して自らの判断を示す表現を学びます。それから、目的・結果・理由・方法などを示しながら具体的に説明をする方法を見ていきましょう。そして最後にウェブミーティングなどでグラフを使って説明する表現などを練習しましょう。

判断を示し、説明する

このパートでは、「ある内容に対して評価・判断を下す」という状況と「何かについて具体例を示したり、目的・結果を示したりしながら説明する」というふたつの状況を扱います。ここでは、(1) 確信の度合いを表したり、状況の判断を表したりする際、It を主語にして表す便利な表現と、(2) 具体例の示し方について見ていきます。

話し手を前面に出さずに、客観的に見た確信の度合いを表す

certain は「客観的に見て確か」という意味合いがあり、I'm certain that he is a promising scientist. と言えば、これまでの研究業績などを見て「彼が有望な科学者であることは確かだと思う」といった意味合いの文になります。口語的には I'm sure (that) he is a promising scientist. とも言いますが、この sure は「(主観的に見て) 確か」という意味合いがあります。

両者の違いは、certain の場合には It is certain that... の構文で使うことができるのに対して、It is sure that... とは言わないという違いに反映されます。I'm certain that... よりも It is certain that... のほうが、話し手が前面に出ない分、より客観的な響きの表現になります。

It is possible と It is probable

ここでは It is possible と It is probable の特徴を見ておきましょう。

possible は「可能である」ということから、It is possible (that)... と言えば「～ということは可能である (ありえる)」という意味合いになります。このままの形では、現実的にそう高くないかもしれないが「ありえな

いということはない」といった程度の可能性です。そこで、It is possible that he has changed his political position. だと「彼が政治的立場を変更したということはありえる」という意味になります。It is theoretically possible that...（～ということは理論的には可能である）だとか It is physically possible that...（～ということは物理的には可能である）のように副詞を一緒に用いる例もよく見られます。

It is probable that... は、「～ということは多分にありそうだ」という意味で使います。probable は形容詞で、「確率」はこの名詞形である probability で表します。probably という副詞単独でもよく使い、「多分」といっても「十中八九」といったところで、その可能性はかなり高いです。なお、**it is probable that...** よりやや確率の下がるのが It is likely that... です。

Part 3

評価・判断を下す
「It is＋形容詞＋(for A) to do」の構文

「それは必要だ」「それは便利だ」「それは自然だ」「それはみっともないこと」だとか、何かあることに対して話者が評価や判断を下すことがあります。英語では「It is＋形容詞＋(for A) to do」の構文を使います。いくつかを見ていきます。

「（Aが）～することは必要だ」という内容を表す慣用表現です。It is necessary と表現することで、「それは必要だ」と話し手の判断を示し、「それ」の中身を to do で示すという表現方法です。これを基本形にしていろいろと応用すると、It is unnecessary to do は「～する必要はない」、It is absolutely necessary to do だと「～する必要が絶対にある」、そして It does not seem necessary to do は「～する必要はないように思える」などの表現を作り出すことができます。

convenient は「便利、使い勝手がよい、都合のよい、あつらえ向きの」

といった意味の形容詞で、It is convenient (for A) to do は「〜するのは便利だ、都合がよい」といった意味の構文です。It will be convenient for you to meet the customer at the coffee shop. は「その喫茶店でお客さんと会うのが都合がいいと思うよ」といった内容です。

embarrassing は「気恥ずかしい、みっともない、バツが悪い」といった意味合いの形容詞で、an embarrassing experience は「バツが悪い（恥ずかしい）経験」という意味。繰り返して言いたくないことを言わなければならない状況で、It's embarrassing to repeat, but... と言うと「こんなことは繰り返して言うのもはばかられることですが……」という内容です。また、It must be very embarrassing for her to answer those questions. と言えば「そんな質問に答えるのは彼女にはとても恥ずかしいことにちがいない」となり、it is の部分を調整して表現を工夫することができます。

・It is embarrassing for everyone to be scolded in front of other people.（誰であっても人前で叱られるということは決まりが悪いことだ）

例示のしかた

話題は変わりますが、何かを説明しようとすれば、例示がポイントになります。例えば、「正義」を「物事の分配の公正な手続き」と定義しても、ピンときません。それが、現実世界とどうかかかわるかを示す必要があるのです。定義を現実世界のことと関連づける行為のことを「例示（illustration）」と言います。例示のシグナルとなる慣用表現には以下があります。

To illustrate
For example
For instance
I'll give you an example

話を展開する過程でよく例示を行いますが、論点をさらに補強するために例示を重ねたいという場合もあります。日本語では「さらに」「これに加えて」に当たる表現です。英語では、以下を使えるようにしておきたいですね。いずれの表現も「さらに」「もっと言うと」といった意味合いで、バリエーション表現として使えるようにしておくといいでしょう。

in addition（加えて）
furthermore（そのうえ、さらに）
in addition to that（それに加えて）
what's more（そのうえさらに）
on top of that（なおそのうえに）
moreover（そのうえ、さらに）

他にも例を加える際の表現として次のものも押さえておきたいところです。

to add a few more examples（2、3例をさらに加えるなら）
I'd like to add a word.（〔話をしている途中で〕ひとこと付け加えたい）

ここでは具体的な表現に注目してその特徴を説明しました。

It is embarrassing to...という表現ひとつを取り出しても、

It may be embarrassing to...（～するのはバツが悪いかもしれない）
It must be embarrassing to...（～するのはバツが悪いにちがいない）
It seems embarrassing to...（～するのはバツが悪いように思える）

のように下線部を調整することで、表現に変化を持たせることができます。また、**for example** で例示を行い、**moreover** でさらに例を重ねる表現に慣れれば、つかみどころのない漠然とした話をしているとき、例示力の効果を実感することができるようになるでしょう。

Unit 1 確信の度合いと価値判断を表す

Unit 1 では、It を中心とする確信の度合いを表す表現と価値判断をする表現を集めました。§1 では「It is + 形容詞 + that...」の形で確信の度合いを表す形容詞を扱います。この形容詞は、副詞形にして 1 語でも使えます。§2 では、「It is + 形容詞 + that...」あるいは「It is + 形容詞 + to do」の形で、価値判断を表す形の練習をします。

§1 確信の度合いを表す

definitely（絶対に）、**certainly**（確かに）、**probably**（たぶん）、**maybe**（たぶん）、**possibly**（ひょっとすると）

It is probable (that)...（たぶん～でしょう）

It is likely (that)...（～しそうです）

It is possible (that)...（〔可能性としては〕～はありえます）

It is theoretically possible (that)...（～は理論的には可能です）

§2 It を主語にして事実や行為の価値判断をする

It is important [that / to do]...（～〔するの〕は重要です）

It is natural [that / to do]...（～〔するの〕は当然です）

It is reasonable [that / to do]...（～〔するの〕は合理的です）

It is necessary [that / to do]...（～〔するの〕は必要です）

It is convenient [that / to do]...（～〔するの〕は便利です）

§1 確信の度合いを表す

▶「絶対に」から「ひょっとしたら」までの確信の度合いを、副詞や「It is + 形容詞 + that...」の形で言ってみましょう。

1 絶対に彼が後ろで糸を引いている。

2 そのとき私たちが間違った判断をしたことは確かです。

3 たぶん彼女は大学入試に合格するでしょう。

4 まもなく雨が降りそうです。

5 ひょっとすると彼女はその事実を知っているかもしれません。もしそうなら、彼女はそれを私たちに隠していることになります。

§1 確信の度合いを表す

36

確信の度合いを示す副詞には、強い順に definitely（絶対に）、certainly（確かに）、probably（たぶん）、maybe（もしかすると）、possibly（ひょっとすると）などがある。 形容詞形があるものは、「It is + 形容詞 + that... の形で使うことができる。

1 He is definitely pulling strings behind the scene.

＊ definitely のかわりに no doubt（疑いなく）や absolutely（絶対に）も使える。

2 We certainly made the wrong decision then.

＊ It is certain のかわりに Certainly を使ってもよい。

3 It is probable (that) she will pass the entrance examination.

＊ It is probable (that) を Probably に置き換えることもできる。

4 It is likely to rain soon.

＊ It looks like rain soon. とも言える。

5 It is possible that she knows the facts [truth]. If so, she is hiding them [it] from us.

＊ It is possible (that) は Possibly に置き換えることもできる。

§2 It を主語にして事実や行為の価値判断をする

▶「It is + 形容詞 + that...」の形で、「形容詞」の位置にさまざまな言葉を入れて「～は……だ」という価値判断を示す表現を練習しましょう。

1 いくつになっても好奇心を失わないことは大切です。

2 彼女がそういうふうに思うのも無理はない。

3 すべての子どもが同じ教育の機会を持つことが絶対に必要です。

4 合理的な落としどころを見つける必要があります。

5 これから数年後の世界のパワーバランスが現在のものと異なることは避けられません。

§2 it を主語にして事実や行為の価値判断をする

37

「It is + 形容詞 + to 不定詞」、あるいは「It is + 形容詞 + that ～」で、「～であることは……だ」と「……」に価値判断を表す形容詞が入る。〔例〕It's incredibly brave that Naomi Osaka has revealed the truth about her struggle with depression.（大坂なおみがうつ病に苦しむ事実を公表したのはとても勇気があることです）

1 It is important not to **lose your curiosity no matter how old you are.**

＊この not to do は to 不定詞の否定形で「～しないこと」の意味。

2 It is natural **she thinks that way.**

＊「当然だ」ということ。No wonder she thinks that way. とも言える。

3 It is essential that **every child has the same educational opportunities.**

＊ It is essential for every child to have the same educational opportunities. とも言える。

4 It is necessary to **find a reasonable compromise.**

＊ It is necessary that we find a reasonable compromise. と言ってもいい。

5 It is inevitable that **the global power balance in a few years will be different from now.**

＊ inevitable のかわりに unavoidable も使える。

Unit 2 説明する

相手を納得させる上で、いかに上手に説明できるかは大切なテクニックです。目的や結果を説明したり、理由や方法を説明することはもちろん、ここではグラフやデータを用いて説明したり、手順までを具体的に説明するための表現を扱いましょう。

§1 目的や結果を説明する

in order to do（〜するために）

so that...（〜するため、〜するとその結果……する）

so...that 〜（とても〜だったのでその結果……する）

so as to do（〜するために、結果的に……する）

only to do（結果的に〜する）

§2 理由や方法を説明する

This / That is why...（こう〔そう〕いうわけで〜）

That / This is the (main) reason...
（これ〔それ〕が〜〔おもな〕理由です）

This is because of...（これが〜の理由です）

This / That is how...（こう〔そう〕やって〜します〔しました〕）

This / That is the way...（これ〔それ〕が〜する〔した〕方法です）

§3 具体例を挙げたり詳しく説明すると言う

I will give you a few more details.
（もう少し詳しく説明しましょう）

Let me give you some examples.
（例をいくつか挙げさせてください）

Let me explain using some more concrete examples.
（今からもう少し具体的な例を用いてご説明させていただきましょう）

Let me explain more about it [that in detail].
（それについてもう少し具体的な例をご説明させてください）

Can / Shall / Should I share the data in order to explain in a little more detail?
（もう少し詳しく説明させていただくために、データを共有させていただいてもいいですか）

§4 グラフやデータで説明する

Let me share the data and explain using a graph.
（データを共有させていただいてグラフを使いながら説明させてください）

The graph shows...（グラフは～を示しています）

As you can see from this graph, ...
（このグラフをご覧になればわかるとおり、～）

significantly reverse（大きく逆転する）

Please see this pie chart. The total value of... has reached ～（こちらの円グラフをご覧ください。～の合計値が……に達しています）

§5 手順を説明する

first（最初に）、second（次に、2番目に）、the next（次に）、then（それから）、finally（最後に）、later（あとで）

§1 目的や結果を説明する

何らかの行為の説明するときには、その行為の目的やその結果を一連の流れの中で説明をすることがあります。そのような言い方を練習しましょう。

1 このシステムを再構築するためには、時間とお金と人手が必要です。

2 薬を飲んですぐに寝たほうがいい。そうすれば風邪はひどくならないよ。

3 あなたの作った料理がとても美味しかったので、食べ過ぎてしまった。

4 データを安全に保存していつでもアクセスできるように、クラウドに置くようにしたほうがいいですね。

5 駅までずっと走ったけれども、終電に間に合わなかった。

§1 目的や結果を説明する

38

目的を表す表現には、so that S（主語）（S が～するように）、in order to do / in order that S... (S が～するために）、in case S... (S が～するかもしれないので）がある。また、結果を表す表現には。so / such... that ～（非常に ... なので～）や ..., so that...、so as to...、only to do などがある。

---

1 We need time, money and manpower in order to rebuild this system.

＊単なる to 不定詞でも目的を表せるが、in order to do とすれば目的であることが明確になる。

---

2 You should take madicine and go to bed right away so that your cold doesn't get worse.

＊ that を省いて so だけでも同じ意味を表すことができる。

---

3 The food you cooked was so delicious that I ate too much.

＊いわゆる so ~ that... 構文で、that 以下が結果を表す。

---

4 You should store your data on the cloud so as to keep it secure and accessible at anytime.

---

5 I ran all the way to the station, only to miss the last train.

＊ only to do は「結局～するだけ」の意味で、残念な結果を表す。

§2 理由や方法を説明する

▶ 何かの行為をしたり、ある状態になった理由を説明してみましょう。合わせてその方法について語る表現も練習しましょう。

1 私のスマホは最近すぐに電池が切れてしまいます。だから新しいものに買い換えたいんです。

2 私たちの製品がさまざま企業で採用されているのはこれが大きな理由です。

3 非常に大雑把に言えば、これはこの地域の資源不足によるものだと思います。

4 こうやって経費の精算をするんです。

5 これが私たちがスペースが狭いという問題を解決した方法です。

「(A) ある事実や行為を表す文+This is why / This is the reason (B)...」で、「(A) であることが (B) の理由だ」という意味になる。
同様に、「(A) ある事実や行為を表す文+ This is how / This is the way (B)...」で、「(A) である。こうやって (B) をする / これが (B) をする方法だ」を表す。

1 My smartphone battery runs out [dies] quickly these days. This is why I want to buy a new one.

＊ so の 1 語で言い換えることもできる。

2 This is the main reason our service is adopted by various companies.

＊ reason の直後には that か why が省略されていると考えればよい。ただし口語ではこれらはたいてい省略される。

3 Very roughly speaking, I think this is because of the lack of resources in the region.

4 This is how you settle your expenses.

＊ Settle your expenses like this. とも言える。

5 This is the way we solved the tight space issue.

＊ the way を how に変えて 4 と同じ形にしてもいい。the way と how は相互に交換できる。

§3 具体例を挙げたり詳しく説明すると言う

ここでは、具体例を挙げさせてほしい、あるいはさらに詳しく説明させてほしい、と切り出すときの言い方を練習しましょう。

1 もう少し詳しく説明しましょう。

2 例をいくつか挙げさせてください。

3 今からもう少し具体的な例を用いて説明させていただきます。

4 それについてもう少しご説明させてください。

5 <オンラインミーティングで>
もう少し詳しくご説明させていただくために、データを共有してもいいですか。

§3 具体例を挙げたり詳しく説明すると言う

40

下記の5つの例は「今から具体例を挙げますよ / 詳しい説明をしますよ」と切り出すときの発言。「Let me 動詞の原形（私に～させて）」の形は便利。Let me give you some example.s（例をいくつか挙げさせてください）、Let me explain more about it.（それについてもう少し説明させてください）という言い方は使いやすい。

1 I will give a few more details.

＊ give details で「詳細を述べる」の意味。

2 Let me give you some examples.

＊ give のかわりに show も使える。

3 **Now** let me explain using some more concrete examples.

＊「具体例」は specific examples とも言える。

4 Let me explain more about it.

＊ Let me explain more about that in detail. とも言える。

5 Can I share my data in order to explain in a little more detail?

＊ in detail で「詳細に、詳しく」の意味。

§4 グラフやデータで説明する

▶ ミーティングやプレゼンで説明する際に、グラフやデータを用いるのは有効です。そのような要素を使った説明のしかたを練習してみましょう。

1 データを共有させていただいて、グラフを使いながら説明させてください。

2 こちらのグラフは、世界のエネルギー消費量と人口の歴史的推移を示したものです。

3 このグラフをご覧になればわかるとおり、20世紀後半になってエネルギーの消費量が急速に拡大しています。

4 1950年代以降、石油や天然ガスのような新しい化石燃料の比率が、使用量では石炭をはるかに大きく逆転していますね。

5 こちらの円グラフご覧ください。2017年の段階では、世界で使用された一次燃料における化石燃料の合計値が85%に達しています。

§4 グラフやデータで説明する

41

グラフには、pie chart（円グラフ）、line chart（折れ線グラフ）、bar chart（棒グラフ）、horizontal bar chart（帯グラフ）、radar chart（レーダーチャート）、Venn diagram（ベン図）などがある。chart のかわりに graph も使える。そのほか、vertical axis（縦軸）、horizontal axis（横軸）などもある。

---

1 Let me share the data and explain using a graph.

＊ using a graph のかわりに graphically という副詞 1 語でも表現できる。

---

2 This graph shows **the historical changes in global energy consumption and population.**

＊ show のかわりに indicate も使える。

---

3 As you can see from this graph**, energy consumption has been increasing rapidly since the latter half of the 20th century.**

---

4 **Since the 1950s, the ratio [propotion] of new fossil fuels used, such as oil and natural gas, has** significantly reversed **the use of coal.**

---

5 Please see this pie chart. **As of 2017, the** total value of **the primary fossil fuels used worldwide** has reached **85%.**

＊「棒グラフ」なら bar chart、「折れ線グラフ」なら line chart と言う。

§5 手順を説明する

▶ first、next、then、after that、finally などを用いて、カップ麺を食べる手順を命令形を使って説明してみてください。

1 まず、指定された線のところまで、蓋を開きます。

2 次に、付属のスープの粉とかやくをカップの中に入れます。

3 それから内側の線までお湯を注ぎます。

4 そのあと、蓋を閉じて3分間待ちます。

5 最後に蓋を外します。麺は食べられる状態です！

§5 手順を説明する

42

　手順を説明するときには、冒頭から順に first、next、then、after that、finally などを置いて説明する。命令形でもよいし、you を主語にすることもできる。ラーメンの券売機で券を買うときの手順や、神社でのお参りのしかた、自分の得意な料理のしかたなども、英語で説明できるように練習してみよう。

1 **First, peel open the lid to the specified line.**

＊ First of all, ... もよく使われる。

2 **Next, pour the soup stock and dried toppings into the cup.**

3 **Then, fill the cup with boiling water up to the specified line inside.**

＊この Then, ... と 4 の After that, ... は、手順のうちの最初と最後以外、どこでも使える。

4 **After that, close the lid and wait three minutes.**

5 **Finally, remove the lid. Your noodles are ready to eat!**

＊ Finally のかわりに Last of all, ... や At the end, ... なども使える。

Part 3 トレーニング

このパートで学んできた表現を自分で使えるようになるためのトレーニングをしましょう。

英文の流れを理解しながら、日本語の指示を手がかりに、適切な英語の語句や文で各空欄を埋めてください。

解答を終えて、英文の全体の意味を確認できたら、下記の手順で、流れの中でポイントを自分のものにする音声トレーニングをやってみましょう。

① 音声を聞いて内容が把握できるか確認しましょう。

② 音声を聞きテキストを見ながら声に出して読んでみましょう（パラレルリーディングと言います）。特にキーポイントになっている部分に注意して読んでみてください。

③ 自然に読めるようになったら、テキストを閉じて音声についていくように声に出して言ってみましょう（シャドーイングと言います）。最初は音声についていくだけでいいですが、最終的には内容を理解して意味を伝えるつもりでシャドーイングしてみましょう。

④ Ｂのパート、Ａのパートの順にロールプレイをやってみましょう。

1 友人ふたりが、コーヒーの健康への影響について話しています。

43

A: Hey James. How many cups of coffee do you drink? Isn't that your fourth cup?

B: Oh, is it? I didn't realize that, but is that a problem?

A: Of course. You definitely drink too much coffee. I read somewhere that having too much coffee can have negative effects on your physical and mental health. For example, ❶ (　　) (　　) (　　) you will have high blood pressure and also get more anxious.

B: Are you sure? But I haven't felt anxious about anything in years, and there was nothing wrong with the results of my latest medical checkup.

❶ it を主語にして可能性を伝えよう。

A: But as you might know, the caffeine in coffee can also affect your quality of sleep. ❷ (　　) (　　) for everyone (　　) get enough sleep ❸ (　　) (　　) (　　) maintain good physical and mental health.

B: ❹ (　　) (　　) (　　) (　　) having coffee affects your health, but it all depends on the individual. I definitely think it's much more important to refrain from using a lot of cream or sugar in your coffee. I always drink my coffee black ❺ (　　) (　　) I can avoid taking in too many calories.

A: Oh, yes. I totally agree with you on that point.

❷ it を主語にして必要性を伝えよう。

❸ asを使って目的を説明しよう。

❹ theoretically を使って限定的な可能性を伝えよう。

❺ 2 語で結果を導こう。

2 スポーツ用品メーカーのオンライン会議で、SNSを使った広告戦略が話し合われています。

🔊 44

A: Now, I'd like to hear what each of you think about the advertisement strategy. ❶ (　　) (　　) (　　) share your thoughts and opinions with all of us. Tony, are you there?

B: Yes.

A: Good. What do you think about placing an ad on social media ❷ (　　) (　　) (　　) pursue a cost-effective approach?

B: Social media? Do you mean like putting ads on Facebook, Twitter and Instagram?

A: That's right.

B: Sorry. I'm not social media savvy. I know, of course, ❸ (　　) (　　) (　　) communicate with people in a closed circle using social media, but I wonder how effective it is for mass marketing.

A: ❹ (　　) (　　) (　　) (　　) some examples. I use social media very often these days. When I log in to my Facebook account, I see a lot of advertisements for sports gear like we deal with. That means there's definitely an audience for such products.

❶ it を主語にして事の重要性を伝えよう。

❷ order を使って目的を説明しよう。

❸ convenient を使って利便性を説明しよう。

❹ give を使って、これから例を挙げることを伝えよう。

❺ (　　) (　　), the speed at which information spreads on social media is quite impressive. ❻ (　　) (　　) I keep an eye on it. What do you think?

B: It sounds like ❼ it's (　　) (　　) try. Recently, young people tend to stay away from conventional media like TV, magazines and newspapers. Social media must have replaced them as information sources. ❽ (　　) (　　) (　　) we can reach our target market more easily by making use of social media.

❺ 2語で追加例を導こう。

❻ thatで始めて理由を説明しよう。

❼ 行動に合理性や価値があることを伝えよう。

❽ itを主語にして可能性を伝えよう。

解答・日本語訳

1 A: ちょっと、ジェームズ。何杯コーヒーを飲むわけ？　それで４杯目じゃない？

B: あ、そう？　気づかなかった。でも、それが問題なの？

A: もちろんよ。絶対にコーヒーを飲み過ぎてるわ。何かで読んだけど、コーヒーを飲み過ぎると、心身共に悪影響を受ける可能性があるそうよ。例えば、❶ (it's possible that) 高血圧になったり、不安感が増したりすることもありえるわ。

B: マジかい？　だけど、僕はもう何年も不安に駆られることなんてないし、直近の健康診断の結果には何の問題もなかったよ。

A: でも、知ってるかもしれないけど、コーヒーに含まれるカフェインは睡眠の質にも影響を及ぼすことがあるわ。❷ (It's necessary [for everyone] to) 誰もが十分な睡眠を取る必要があるのよ、❸ (so as to) 心身の健康を維持するためにはね。

B: ❹ (It's theoretically possible that) 理論的にはあり得るさ、コーヒーを飲んで健康を害するってこともね。でも、あくまでも人によるだろう。僕は絶対にこう思うよ、コーヒーにクリームや砂糖を大量に入れるのを避けるほうがはるかに重要だって。僕は必ずコーヒーをブラックで飲む。❺ (so that) そうすれば、カロリーの取り過ぎを防げるからね。

A: ああ、そうね。その点には全面的に賛成よ。

2 A: それでは、みなさんがそれぞれ広告戦略についてどう考えているかを聞きたいと思います。❶ (It's important to) 一人ひとりの考えや意見を全員で共有するのは大切ですから。トニー、聞こえてますか？

B: はい。

A: 了解です。❷ (in order to) 費用対効果の高い方法を追求するために、SNS に広告を打つことをどう思いますか？

B: SNS ですか？　つまり、フェイスブックやツイッター、インスタグラムなどに広告を出稿すると？

A: そのとおりです。

B: すみません。私は SNS には詳しくないので。もちろん、❸ (it's convenient to) 限られた人たちとコミュニケーションを取る上で SNS を使うと便利だということはわかっていますが、はたしてマスマーケティングにどの程度効果的なものなのでしょうか。

A: ❹ (Let me give you) 少し例を挙げましょう。私は最近、SNS をとてもよく利用します。自分のフェイスブックのアカウントにログインすると、たくさんの広告を見かけます。うちの会社が扱っているようなスポーツ用品の広告です。これはつまり、間違いなくそうした商品に興味を持つ人たちがいるということです。❺ (In addition) さらには、SNS での情報の伝達速度のすごさには目を見張るものがあります。❻ (That's why) そういうわけで、私は常に SNS に注目しているのです。どう思いますか？

B: どうやら❼ (reasonable to) やってみてもよさそうですね。近年、若者はテレビや雑誌、新聞といった旧来のメディアから遠ざかりがちです。SNS がそれらのメディアに取ってかわって情報源になっているのでしょう。❽ (It's possible that) SNS を利用すれば、うちが狙う市場により簡単に訴求できる可能性がありますね。

Part 4

相手にはたらきかけてコミュニケーションを作る表現

ここでは相手に提案をしたり、アドバイスをしたり、物事を頼んだり、許可を求めたり、相手を誘ったりして、相手に何かを働きかける表現と、そのときの答えかたもあわせて学びます。

そして本書の最後に、話し手と聞き手の両方が、コミュニケーションの場の意味を共有するために用いられるさまざまなストラテジーを見ていきましょう。

相手にはたらきかけてコミュニケーションの流れを作る

相手にはたらきかけてコミュニケーションの流れを作っていくという場合、私たちは、いろいろなはたらきかけをしているものです。提案したり、依頼したりは日常茶飯事。コミュニケーションの流れを調整するためにはたらきかけを変えることもあります。会話の流れを調整するという場合、流れを作る、流れに乗る、流れを変える、流れを止めるといった具合に比喩的にイメージするといいでしょう。具体的には、相手に繰り返しを求める、相手の意図を確認する、話題を変更する、割り込むなどです。ここでは、提案の仕方に注目して少し詳しく見ておきたいと思います。

何かを提案する

何かを提案するということは、年齢を問わず、日々繰り返し行われている行為です。幼児の「ねえ、かくれんぼうしよ」も、仕事場での「そのアイディアは再考されたらどうでしょうか」もともに提案です。一方は、「一緒に何かをしようという提案」で、他方は、「相手に何かアクションを促す提案」です。英語で言えば、それぞれ Let's play hide-and-seek. と It might be better to reconsider that idea. といった感じになるでしょう。例えば「付き合いたい女性がいます。彼女をデートに誘いたいんですが、まだ彼女のことをよく知りません。どうしたらいいかについて何かいい方法はありますか」と相談する場合はどうでしょうか。「自分がどうしたらいいかについての提案を求める」という状況です。英語だと、例えば、次のように言うでしょう。

There is a girl I want to date. I want to ask her out, but I don't know her well. Do you have any ideas about what I should do?

このように、提案には、(1) 誰かに提案を求めるという場合と、(2) 誰かに提案をするという場合があります。そして、相手に提案をする場合には、その提案内容が自分（話し手）を含むかどうかで違いがでます。

提案を求める

私たちは、恋愛、受験、仕事、ランチ、旅行などいろいろなことについて提案を求めます。提案の仕方には、いくつもの定型表現（慣用表現）があり、いろいろな状況や場面で使うことができます。

以下は、「相手に提案を求める」際の慣用表現です。表現が使われる状況を日本語で表し、その使い方の具体例を英文で示しています。

状況：「私の立場だったら、あなたならどうする？」
If you were in my situation, what would you...?

状況：「～について何かアドバイスをいただけませんか」
Can you give me some advice about...?

状況：「～するのに何か提案はありますか」
How do you suggest that...?

状況：「私～しようと思うんだけど、それってどう思いますか」
What would you say if I...?

例えば「仕事の面接があるんですけど、どうしたらいいでしょうか？」という状況だと次のように表現すればいいですね。

・How do you suggest that I prepare for job interview?
・I have a job interview next week. Can you give me some advice?

何かを提案する

今度は、何かを提案するという場面を想像してみてください。「どうしよう？」と聞かれて「こうしよう」と提案する場合が会話ではひんぱんに見られます。また、相手にいきなり「〜なのはどう？」と提案する状況もよくあります。自分を巻き込んだ提案と、相手に「こうしたらいいよ」と提案をする場合は分けて考える必要があります。

前ページの「デートに誘いたいけどどうしたらいい」という求めに対して、例えば次のようにアドバイスしたとします。

提案者：Why don't you test the waters and ask for her phone number? If she likes your approach, she'll give you her number. When you get her number, call her soon after. Don't be afraid of asking for what you want.

（脈があるかどうか知るのに電話番号を聞くというのはどうでしょうか。もし彼女があなたのアプローチを気に入れば、番号を教えてくれるでしょう。彼女の番号をもらったら、すぐにかけなさい。望んでいることを求めることに対して臆病になってはだめですよ）

ここでは、電話番号を聞くことで脈があるかどうかを調べたら、という提案ですが、**Why don't you...?** という慣用表現を使っています。これは提案する際の定番です。相手に何かを提案する慣用表現には、以下のものも含まれます。

状況：「〜したらどうですか」
Why don't you...?

状況：「私があなただったら、〜するでしょうね」
If I were you, I'd...

状況：「ひょっとしたら〜するのもいいじゃないですか」
It might be better to...

状況：「〜するというのはいいと思わないですか」

Don't you think you should...?

状況：「～することを考えてみるのもいいかもしれませんね」

You might consider...

状況：～はいかがですか

How about...?

これらはいずれも一緒に何かをしようという際の表現ですが、相手に「こうしたら？」と提案する場合は、自分が含まれないので、表現としても相手中心のものとなります。

ある女性に思い寄せている友人に、Why don't you give her a call and invite her for lunch? だと「彼女に電話して、ランチに誘ってみたらどう？」という感じです。話し手が相手の気持ちを忖度して、何かをしないかと提案する場合の慣用表現は Would you like to...?（～したいんじゃない？）などとなるでしょう。

提案の流れ

いきなり何かを提案することもあるかもしれませんが、通常は、相手の注意を喚起し、そして相手の反応や状況を忖度しながら、ある提案を行い、その実行を促すという流れが想定できます。

・注意を喚起する：I'll tell you what.（あのね）、I've got something to tell you.（ちょっと話があります）、Hey, listen.（ちょっと聞いて）

・相手の反応を忖度する：I don't know how you feel, but...（あなたがどのように感じるかわからないけれども～）、You may think it's absurd, but...（バカげていると思うかもしれないけれども～）、I'm sure you'll like this idea.（この考えはきっと気にいると思うよ）

・提案をする：提案内容

・実行を促す：Go ahead.（どうぞ）、Give it a try.（やってごらんよ）、Try it.（やってみて）

例えば、**Hey, listen.**（ねえ、ちょっと）と注意を喚起し、**Well, you may think it's absurd,**（ちょっとバカげていると思うかもしれないけど）と相手の反応を忖度し、そして、**but why don't you ask Naomi to lend you some money?**（ナオミにお金を貸してくれと頼んでみたらどうかな）という提案を行います。そして、**Just give it a try.**（やってごらんよ）とそれを実行するように促します。

前ページのランチにある女性を誘うという提案場面で **Why don't you give her a call and invite her for lunch?** に続いて **Go ahead. Ask her.** だとか **Give it a try.** などのひとことが相手を行動に向かわせる力になるかもしれませんね。

一緒に何かをしようと提案する

冒頭の幼児が友だちを誘う際の「ねえ、かくれんぼうしよう」は、一緒に何かをしようという提案です。「こうしよう」という提案を切り出す際の典型的な慣用表現には以下が含まれます。

状況：「～しましょう」
Let's...
状況：「～しませんか」
Why don't we...?
状況：「一緒に～するというのはどうかな」
Perhaps we should...

例えば「江の島にドライブというのはどうですか」と提案する状況を想定してみてください。上のどの慣用表現を使ってもOKですが、**Perhaps we should...** だと Perhaps we should go for a drive to Enoshima. となりますね。Perhaps があるため押しつけがましさが感じられない表現ですね。

提案を受け入れる場合

「一緒に～しない？」という提案を受けて、それに応じる際の慣用表現は以下の通りです。

Sure.（ぜひ）、Why not?（悪くないですね）、That's a good idea.（それはいい考えですね）、Of course.（もちろん）

「～したらどう？」という提案を受けた場合だと、応答のしかたも当然主語はＩになり、次のような表現を慣用的に使います。

I'll try.（やってみます）、I'll do that.（そうします）、All right.（いいですね）、I have no objection.（異論なしです）、I'll buy the idea.（そのアイディア、いいね）

感謝を表したり、賛同の気持ちを表したりと、ほかにもいろいろ考えられるでしょう。「いい提案をしてくれてありがとう」だと Thank you for your offer. やI appreciate your suggestion. ですね。「その提案に賛成」だと、I'm all for it.（大賛成）だとか I'll buy the idea.（それっていいね）、あるいは I'll take it.（そうします）などがピッタリですね。また、楽しい提案だと How exciting!（わくわくしちゃうね）とか I'm totally excited.（とても楽しみ）を感想を足すのもいいですね。

提案を断る場合の応答

提案を断るときはどう表現すればいいでしょうか。日本語でも「ありがたいんですけど、ちょっと」と語尾を濁す言い方がありますが、英語では No, sorry. だとか、No, but thank you very much. と明確に、**No**と言い、申し訳ない気持ちや感謝の気持ちを表現することで表現を柔らかくします。もちろん、「できればいいんですが」に相当する I wish I could. で断る場合もあります。

曖昧に応答する

英語ではいつも白黒をつけなければならないか、といえば、そうでもありません。曖昧に返答をする際の慣用表現もあります。

Yes and no.（イエスともノートも言いがたいですね）、More or less.（まあ、なんとも）、It depends.（場合によりけりです）、It's up to you.（あなた次第です）、Let me see...（そうですね）、Let me think about it.（考えさせてください）

それぞれ意味合いは異なりますが、Would you like to **go for a walk?**（散歩でもしたらどうですか）と提案され、「どうしようかなあ」という場合には Yes and no. などと答えるでしょう。「あなた次第です」という場合には、It's up to you. が一番よく使われます。

「うーん」という曖昧な感じは Well, let me see... I don't know. といったところです。即決できない提案の場合には「考えさせて」と日本語で言いますが、英語でも **Let me think about it.** と日本語と同じ表現が使われます。

このように、提案ひとつをとっても学べる表現は多くあります。それぞれの表現には目的があります。目的を意識すれば、状況を思い浮かべやすくなります。

Chapter 1
相手にはたらきかける表現と応答

このチャプターでは、依頼や勧誘・提案などによって、直接的に相手にはたらきかける表現と、それを受け入れたり、断ったりする表現をあわせて見ていきます。

Unit 1 提案・勧誘・アドバイスの表現とその応答

このユニットでは、提案・勧誘・アドバイスなどによって、直接的に相手にはたらきかける表現と、それを受け入れたり、断ったりする表現を見ていきます。ひとつの表現が、文脈によっては提案になったり、勧誘になったり、アドバイスになったりする応用力の高い表現です。文脈にあわせて自在に使えるようになるとよいですね。

Part 4

§1 提案や勧誘をする①

We propose [suggest] that / -ing... (～を提案します)

I think it is better... (～したほうがよいと思います)

I think we should..., but what do you think? (～したほうがよいと思いますが、どうでしょうか)

Why don't we...? (～するのはどうでしょうか)

What if...? (～したらどうなりますか)

§2 提案や勧誘をする②

Would you like to...? (～しませんか)

How about...? (～はどうですか)

Shall we...? （～しませんか）

Perhaps we should... （～しませんか）

Why don't we...? （～しませんか）

§3 相手に提案やアドバイスを求める

If you were in my situation, ...
（もしあなたが私の立場だったら～）

Do you have any idea about...?
（～についてのアイディアがありますか）

Could you give me some suggestions?
（提案をいくつかいただきたいのですが）

Can you give me some advice on...?
（～についてアドバイスをください）

Please tell me if there is anything I should...
（～することがあれば教えてください）

§4 アドバイスをする

You had better （～しないとまずいことになる）

You should... （～したほうがいいですよ）

If I were you [in your shoes],
（もし私があなたの立場だったら）

I think you should... （もし私だったら～）

It might be better to do （～したほうがいいですよ）

§1 提案や勧誘をする①

▶ 提案したり誘ったりするのは、相手の行動をダイレクトに引き出す行為で、表現のバリエーションも豊富です。さまざまな表現に慣れましょう。

1 コアタイムを作って、もっとフレキシブルに仕事ができるようにすることを提案します。

2 費用対効果を考えると、雑誌への広告の代わりにSNS 広告に切り替えたほうがよいと思います。

3 テレワークをもっと積極的に進めたほうがよいと思いますが、いかがでしょうか。

4 紙の書類を配布する代わりにプロジェクターを使うのはどうでしょう。

5 このイベントの 2 回目の延期を提案したらどうなりますか。

§1 提案や勧誘をする①

45

提案したり誘ったりする表現の種類は豊富。Why don't we / you...? はカジュアルな表現だ。ここでは紹介しないが、「～してみてはいかがでしょうか」という丁寧な表現としては、How would you like to...? や、5番とニュアンスが近く、相手の意向を伺いながら提案する表現として What do you think about...? がある。

1 We propose setting a core time so that you can work more flexibly.

＊ We would like to make a proposal about setting... と言い換えられる。

2 Considering cost effectiveness, I think it is better to switch from magazine to social media advertisements.

3 I think we should promote telework more aggressively, but what do you think?

＊文末の but 以下は相手の意向を確認する表現。最後は How about that? でもいい。

4 Why don't we use a projector instead of distributing paper documents?

＊ Why don't we...? は疑問形だが、実際には Let's... と同様の勧誘表現と考えてよい。

5 What if we propose postponing the event again?

＊提案する内容を強くすすめるのではなく、検討・考慮してほしいといったニュアンスになる。

§2 提案や勧誘をする②

▶ 提案したり誘ったりする表現の2回目です。ここでは提案されたり誘われたりしたときの応答表現も一緒に考えてみましょう。

1 < Would you を使って>

今夜遅くまで仕事をするよりも、明日の朝、早めに出社して仕事をしませんか。

2 < How を使って>

A: オンラインミーティングにしてはどうですか。

B: それがいいと思います。

3 < Shall we を使って>

A: この後、一緒にランチに行きませんか。

B: 申し訳ない。1時にアポがあるんだ。

4 < Perhaps we should を使って>

A: これから江の島までドライブしませんか。

B: いいですね。

5 < you を主語にして>

週末は予定がありますか。もしなければ、ハイキングに行きませんか。

§2 提案や勧誘をする②

46

ここでは提案や勧誘を受けたときにそれを承諾する表現も合わせて練習する。ここでは紹介していないが、断る場合は、I'd (really) love to..., but... や I wish I could..., but... などとポシティブに受けて、but 以下で、できない理由を言うとよい。「ポジティブ」に受けて「納得できる理由」で断ることを心がけよう。

1 Would you like to come to work early tomorrow morning rather than work late tonight?

＊相手の意向をたずねる形をとりながら勧誘する表現。

2 A: How about an online meeting?

B: I think that's good.

＊ What about...? でも同じ。

3 A: Shall we go get lunch together after this?

B: I'm sorry, but I can't. I have an appointment at 1:00.

4 A: Perhaps we should go for a drive to Enoshima from now.

B: Sounds nice.

5 Do you have any plans this weekend? If not, why don't we go hiking?

§3 相手に提案やアドバイスを求める

▶ ここでは §1 と §2 とは逆に、相手に提案やアドバイスを求める表現を練習しましょう。

1 もし私の立場だったら、彼に何と言いますか。

2 次の特集のテーマについて、何かいいアイディアはありませんか。

3 家のリフォームについて、ご提案をいくつかいただきたいのですが。

4 契約書の書き方についてアドバイスをください。

5 明日、就職面接を受けるんですけど、何か気をつけるべきことがあれば教えてください。

§3 相手に提案やアドバイスを求める

47

「もし私〔あなた〕があなた〔私〕の立場だったら～」という言い方は、If I were you, I'd... / If you were in my situation, you would... / If I were in your shoes, I would... / If I were in your position, I'd... のように複数ある。いずれも仮定法過去を用いているが、口語では I were のかわりに was を用いることもある。

1 If you were in my situation, **what would you say to him?**

＊ If you were me, ... でもよい。

2 Do you have any ideas about **the theme of the next issue?**

3 **I would like to renovate my house.** Could you give me some suggestions?

＊ suggestion は「アドバイス」ではなく「提案」なので、この文は友人相手ではなく、リフォーム業者などに向けられたものと考えられる。

4 Can you give me some advice on **how to write a contract?**

＊ on のかわりに about でもいい。

5 **I have a job interview tomorrow.** Please tell me if there is anything I should **be careful about.**

＊ if there is のかわりに if you think of と言うこともできる。

§4 アドバイスをする

▶ かなり強い調子から相手との距離を取りながらアドバイスをする場合まで、表現を変えながら相手にアドバイスをする練習をしましょう。

1 その件は、早いところ部長に報告しないとまずいことになりますよ。

2 外出から戻ったら、うがいと手洗いをしっかりしたほうがいいですよ。

3 もし私があなたの立場だったら、これ以上、その件に深入りはしませんね。

4 休まれたほうがよいと思いますよ。

5 一日の仕事を始める前に、その日の仕事の優先順位を立ててみたほうがいいですよ。

§4 アドバイスをする

48

had better が命令に近い調子であるということは知っている方も多いはず。「まずいことになる」という脅迫めいたかなり強いニュアンスがあるので使い方は要注意。「〜したほうがいいですよ」という意味の you should は幅広く使いやすい表現。

押し付けがましくならないように注意しよう。

---

1 You had better **talk about the matter with the director as soon as possible.**

＊ had better には「〜したほうがいい。さもないとまずいことになる」という結果の重大性を伝える機能がある。

---

2 You should **gargle and wash your hands thoroughly when you get back home.**

＊ should は you が主語の文で用いると、「〜したほうがいい」という相手に対する冷静で中立的なアドバイスになる。

---

3 If I were you, **I wouldn't go into the matter any further.**

＊ If I were you, ... は「仮に私があなたなら」の意味のいわゆる仮定法過去。口語では were のかわりに was もよく使われる。

---

4 I think you should **take a rest.**

＊ take a rest は「ひと休みする」の意味。have a rest でも同じ。

---

5 It might be better to **prioritize your tasks before you start working.**

＊ might を使うと控えめに助言するニュアンスになる。

Unit 2 依頼と許可の表現とその応答

このユニットでは依頼をする表現と許可をもらう表現を見ていきます。あわせて承諾するとき・断るときの表現と、許可をする・許可をしないときの表現も見ていきましょう。

§1 依頼をする表現と応答

Would you do me a favor?
（お願いがあるのですが）

I'd like to ask you to do...
（あなたに〜していただきたいのですが）

I was wondering if...
（〜かしらと思っていたんですが〜）

Could you...?
（〜してはいただくことはできますか）

It would be helpful if...
（もし、

§2 許可をもらう表現と応答

May I...?

（～していただくことは可能ですか）

Can I...?

（～してもよいでしょうか）

Is it [that] okay with you?

（それで大丈夫ですか）

Is it [Would it be] possible (for you) to do...?

（～していただくことは可能ですか）

Do [Would] you mind if I...?

（～してもかまいませんか）

§1 依頼をする表現と応答

▶ 依頼をする表現の練習です。依頼をされたときに断ったり、承諾したりする表現も一緒に示していますので、ついでに覚えてしまいましょう。

1
A: お願いがあるのですが。
B: いいですよ。何ですか。

2
A: 次の水曜日のミーティングに参加していただけませんか。
B: スケジュールをチェックさせてください。

3
A: あなたが、私たちを手伝ってくださる時間があるかしら、と思っていたんですが。
B: いいですよ。

4
A: 私たちの FTP サーバを使ってデータを送っていただけませんか。
B: わかりました。今日の午後に送ります。

5
A: その件について少し考える時間をいただければ助かります。
B: もちろんです。

§1 依頼をする表現と応答

49

人にものを頼む際には一般に丁寧な表現が使われる。Could... / Would...? のほうが、Can / Will を使うよりも丁寧な表現。I wonder（～かしら、～かなと思っているんだけれども）は、I'm wondering、I was wondering の順に丁寧になる。I was wondering if... は依頼や許可を求めるときにも使われる非常に丁寧な言い方になる。

1 A: Would you do me a favor?

B: Sure. What is it?

＊ May I ask you something?、May I ask you a favor? とも言える。

2 A: I'd like to ask you to take part in the meeting next Wednesday.

B: Let me check my schedule.

3 A: I was wondering if you might have time to help us.

B: Sure.

4 A: Could you send me the data [file] using our FTP server?

B: OK. I will send it this afternoon.

5 A: It would be helpful if you could give us time to consider the issue.

B: Of course.

§2 許可をもらう表現と応答

▶ 許可をもらう表現の練習です。許可をする表現も示しているので、合わせて練習しましょう。

1
A: この電卓をお借りしてもいいですか。
B: いいですよ。

2
A: 外出中にデスクを使わせていただくことは可能でしょうか。
B: いいですよ。

3
A: ミーティングを3時にずらさなければなりません。それで大丈夫ですか。
B: いいですよ。

4
A: 秘密保持契約を交わすことは可能ですか。
B: もちろんです。私たちからドラフトをお送りしましょうか。

5
A: こちらの席に座ってもよろしいですか。
B: もちろんです。

§2 許可をもらう表現と応答

50

許可をもらう表現の代表的なものには、Can I...?、May I...?、Do you mind if...? がある。Can I...? はカジュアルな言い方。May I...? は丁寧な依頼。Do you mind if...? は「相手が気にする」可能性がある場合に使う。Do you mind if...? と聞かれて「どうぞ」と言うときには、Never mind. や Of course not. などを使う。

---

1 A: May I borrow this calculator?

B: Sure.

---

2 A: Can I use your desk while you're out?

B: Be my guest.

---

3 A: We need to reschedule our meeting to three. Is that okay with you?

B: No problem.

---

4 A: Is it possible to enter into a non-disclosure agreement?

B: Of course. Shall we send a draft?

---

5 A: Would you mind if I sat here?

B: Of course not.

＊ mind は「～を嫌がる」の意味。Would you mind if I...? は「もし私が～したら嫌ですか」つまり「～してもいいですか」。

Chapter 2
コミュニケーションストラテジー

言語能力の不足を補いながら意思の疎通を図るために話し手が用いるストラテジーをコミュニケーションストラテジーと言います。話し手と聞き手の両方が意味を共有するために、さまざまなストラテジーが用いられます。ここではそのためにどんなストラテジーが使われるかを見ていきます。

Unit 1 相手の言っていることが聞き取れなかったとき

母語話者ではない私たちは、さまざまな局面で相手の言っていることが残念ながら聞き取れないことがあります。相手の話している意味を確認するためのさまざまなストラテジーを、具体的に何が聞き取れなかったのか、どういう状況で聞き取れなかったのかなどに分けて、相手に聞き返すときの適切な表現は何か見ていきましょう。

§1 聞き逃したとき

Pardon me? / Excuse me? / Sorry?（すみません）

I beg your pardon?（もう一度お願いできますか）

I didn't hear you. What did you say?
（聞き取れなかったんですが。何と言われましたか）

Excuse me. Could you say that again?
（すみません。もう一度言っていただけませんか）

Would you mind saying that again?
（もう一度言っていただけないでしょうか）

§2 一部だけが聞き取れなかったとき

Sorry, (but) you said... when?
（すみません。いつ～だとおっしゃいましたか）

Sorry, (but) what did you say...?
（すみません。何が～だとおっしゃいましたか）

Sorry, (but) you said you were surprised by whose mail?（すみません。誰の〔メールに驚いた〕とおっしゃいましたか）

Sorry, (but) you said you need how much money?
（すみません。あなたはおいくら〔必要だ〕とおっしゃいましたか）

You said you need a PC, a staff member, and what else?
（〔パソコンとスタッフと〕ほかに何が必要だとおしゃいましたか）

§3 さまざまな事情で相手の声が聞き取れなかったとき

Could you speak [talk] a little louder?
（もう少し大きな声でお願いします）

Can you speak [talk] a little more slowly?
（もう少しゆっくりお話しいただけますか）

The signal is bad, so I'll call again [call you back].
（電波の状態が悪いのでかけなおします）

The noise around me [you] is so loud that I can't hear.（まわりの雑音が大きくて聞き取れません）

Could you mute your mic [yourself]?
（マイクをミュートにしてください）

Unit 1 相手の言っていることが聞き取れなかったとき

§1 聞き逃したとき

▶ ぼうっとしていたり、全体的な意味を英語が聞き取れなくて聞き逃してしまったときに、相手にもう一度言ってもらうための表現の練習です。

1
A: △□◎ X ～～～
B: すみません。

2 もう一度お願いできますか。

3 聞き取れませんでした。何と言われましたか。

4 すみませんが、もう一度お願いできますか。

5
A: もう一度、おっしゃっていただけますか。
B: いいですよ。

§1 聞き逃したとき

51

聞き取れなかったときには、Pardon me?、Sorry?、Excuse me? がよく使われる。Parden me? はもともと「許してください」の意味。Sorry? や Come again? はカジュアルな言い方。 Would you mind...? は「～してもかまいませんか」で、答え方は Never mind.、Of course not.、No, not at all. などとなる。

1 Pardon me?

＊ Excuse me? 、Sorry? と言ってもよい。

2 I beg your pardon?

＊ Pardon me? の丁寧な言い方。Please say that again. などとも言える。

3 I didn’t hear you. What did you say?

＊ I didn’t catch that. も「聞き取れなかった」。

4 Excuse me. Could you say that again?

＊相手が話し続けようとするのをさえぎるときに Excuse me. を使うとよい。

5 **A:** Would you mind saying that again?
B: No, not at all.

＊ mind -ing は「～することを気にする」なので、答え方に注意。Of course not.（もちろんです）とも答えられる。

Unit 1 相手の言っていることが聞き取れなかったとき

§2 一部だけが聞き取れなかったとき

▶ 全部ではなく一部が聞き取れなかったときには、聞き取れなかった部分を疑問詞で置き換えて、相手にたずねてみましょう。

1 すみません、いつ**彼を訪問したと**言われましたか。

2 すみません。何が**問題だと**おっしゃいましたか。

3 すみません。誰の**メールに驚いたんですか。**

4 すみませんが、いくら**必要だと**おっしゃいましたか。

5 **パソコンとスタッフと、**他に何が**必要**だとおっしゃいましたか。

§2 一部だけが聞き取れなかったとき

52

一部だけが聞き取れなかったときには、その部分を対応する疑問詞で置き換えればよい。例えば Tim said he went to the pool with Josh last night. という文で Tim が聞き取れなければ Who said that?、the pool が聞き取れなければ、He went where?、last night が聞き取れなければ、He went there when? と言える。

---

1 Sorry, but you said **you visited him** when?

＊ Sorry, but when did you say you visited him? が教科書的な文だが、日常会話ではこのような倒置形も多用される。

---

2 Sorry, but what **did you say was the problem?**

＊ did you say が挿入的に用いられている点に注意。

---

3 Sorry, but **you were surprised by** whose **e-mail?**

＊ Sorry, but whose e-mail were you surprised by? でもよい。

---

4 Sorry, you said **you need** how much **money?**

＊ Sorry, how much money did you say you need? でもよい。

---

5 You said **you need a PC, a staff member,** and what else?

＊ What else did you say you need aside from a PC and a staff member? とも言える。

§3 さまざまな事情で相手の声が聞き取れなかったとき

▶ 話し手の声の大きさや速さなどの物理的条件の他にも、最近はスマホやオンラインミーティングなどで声が聞き取りにくいケースもありますね。

1
<相手の声が小さかったとき>
もう少し大きな声でお願いします。

2
<相手が早口でしゃべったとき>
もう少しゆっくりお話しいただけますか。

3
<スマホで電波の状態が悪いとき>
電波の状態が悪いのでかけなおします。

4
<オンライン会議で自分の回りの雑音で、発言している人の声が聞き取りにくいとき>
周囲の雑音が大きくて聞き取れません。

5
<オンライン会議である人のマイクが拾った雑音で、発言している人の声が聞き取りにくいとき>
ミュートにしていただけますか。

§3 さまざまな事情で相手の声が聞き取れなかったとき 53

ウェブミーティングでは物理的な理由で相手の声が聞こえないこともある。相手がミュートを解除しないで話し始めた場合には、You are muted. Please unmute (yourself).（ミュートの状態ですよ。ミュ ートを解除してください）、WiFi などの環境で聞こえにくい場合には I can't hear your voice. などと言える。

1 Could you speak a little louder?

＊ (Speak) louder, please. と簡略して言うこともできる。

2 Can you speak a little more slowly?

3 The signal is bad, so I'll call again [call you back].

＊ call you again のかわりに call you back とも言える。

4 The noise around me is so loud that I can't hear.

＊自分の身の回りの雑音だと例文のように around me だけれども、相手の回りの雑音が大きくて聞き取れない場合には around you。

5 Could you mute your mic [yourself]?

＊ mute（ミュートにする）は日本語化している。

Unit 2 相手の言っている内容が理解できなかったとき

前のユニットでは相手の話す言葉を聞き取ることができなかったときに使う表現でしたが、ここでは相手の言っている内容が理解できない場合の表現を見てきましょう。

§1 話の内容についていけなかったとき

I'm a little confused. (少し混乱しています)

I don't get you. / I don't get it. (理解できません)

I'm afraid I'm not following you.
(話についていけないのですが)

I'm afraid I can't understand what you are saying [said]. (あなたがお話しになっていることを理解できないのですが)

Sorry to interrupt (you), but I'm not quite following you.
(お話の途中で申し訳ないのですが、どうもついていけていないようです)

§2 語句の意味がわからなかったとき

What do you mean by X? (X はどういう意味ですか？)

What does X mean? / Excuse me, but what does X mean? (X とはどういう意味ですか)

What is the meaning of X? (X の意味は何ですか)

What does X stand for? (DX は何を意味しているのですか)

What do you mean by X in this (particular) context?
(この文脈で使われる X はどういう意味ですか)

§3 相手の言っている内容や意図を明らかにしたいとき

What does that mean? （それはどういう意味ですか）

What do you mean by that? （それはどういう意味ですか）

Why do you say that? （なんでそんなことを言うのですか）

Why is that? （それはなぜですか）

I'm sorry, but I'm not sure what you mean by that?

（申し訳ないのですが、あなたのおっしゃる意図がよくわかりません）

Unit 1 相手の言っている内容が理解できなかったとき

§1 話の内容についていけなかったとき

▶ 相手の言っていることは物理的に聞き取れたけれども、内容がさっぱりわからないときに、相手にストップをかけ説明を求める表現の練習です。

1 少し混乱しています。

2 理解できません。

3 お話についていけないのですが。

4 あなたがお話しになっていることを理解できないのですが。

5 お話の途中で申し訳ないのですが、どうもお話についていけていないようです。

§1 話の内容についていけなかったとき

54

話の内容がわからなかった場合には、ストレートにI don't understand what you said. などと言ってしまうよりも、I'm afraid...やI'm sorryを枕詞としてつけて、I'm sorry, I don't understand what you said. としたほうが柔らかい表現になる。follow youという言い方も覚えておこう。

1 I'm a little confused.

＊文末に about what you said などが省略されていると考えるとよい。

2 I don't get it.

＊ I get it. は「わかる」。I got it. は「わかった」。I don't get what you said. は「あなたの言ったことがよくわからない」。ちなみに You got it. は「了解です」と相手の依頼などを承諾するときの返事。You got it? は「わかった？」。

3 I'm afraid I'm not following you.

＊この場合の follow は「説明などについていく、理解する」の意味。I don't think I'm following you.（お話についていけないようです）とも言える。

4 I'm afraid I can't understand what you are saying.

＊ what you are saying は「今話していること」。what you said は「さっき話したこと」、what you were saying だと「今話していたこと」。

5 Sorry to interrupt (you), but I'm not quite following (you).

＊相手の話の途中でさえぎって「さっぱりわからない。これ以上聞いていられない」というときの言い方。

§2 語句の意味がわからなかったとき

▶ 単純に語句の意味がわからなかった場合から、文脈上での意味がわからない場合までの言い方を練習してみましょう。

1
< you を主語にして>
SDGs とはどういう意味ですか。

2
< SDGs を主語にして>
すみませんが、SDGs とはどういう意味ですか。

3
DX の意味は何ですか。

4
DX は何を表しているのですか。

5
この文脈で使われる DX はどういう意味ですか。

§2 語句の意味がわからなかったとき

55

下記の表現のほかに、Could you say that using different words?（それを別の言い方で言うとどうなりますか）、Could you repeat that for me in simpler English?（もっと簡単な英語で繰り返していただけますか）、Could you please rephrase that?（それを別の言葉で言っていただけますか）などがある。

---

1 What do you mean by **SDGs?**

＊直前に相手が言ったことについて問うのであれば、SDGs を that に言い換えられる。

---

2 Excuse me, but what does **SDG** mean?

＊この問いに答えるときには It means... と言う。

---

3 What is the meaning of **DX**?

＊ 2 と比べると、相手が話している文脈における意味を聞く、というよりも DX の一般的な意味を問うニュアンスが強くなる。

---

4 What does **DX** stand for?

＊ stand for... は「(略語などが) ～を表す」の意味。

---

5 What do you mean by **DX** in this context?

＊「この特別な文脈で」と言いたいときには、in this particular context。

Unit 2 相手の言っている内容が理解できなかったとき

§3 相手の言っている内容や意図を明らかにしたいとき

▶ 相手の言っていることの意味や意図が曖昧なので、もっとはっきり説明してほしいと思えた場合に使う表現の練習をしてみましょう。

1 < that を主語にして>
それはどういう意味ですか。

2 < you を主語にして>
それはどういう意味ですか。

3 なぜそのようにおっしゃるのですか。

4 それはなぜですか。

5 申し訳ないのですが、あなたのおっしゃることがよくわかりません。あなたの意図は何ですか。

§3 相手の言っている内容や意図を明らかにしたいとき 56

相手の発言の趣旨がよくわからない場合には、下記以外にも、I don't quite understand what you are saying. Could you clarify a little more?（あなたのおっしゃっていることの趣旨がよくわかりません。もう少し明確にしていただけますか）などと言える。

1 What does that mean?

＊この問いに答えるときには、It means... と主語を it に変える。問いが発せられることで that が「話題化」されるからだ。

2 What do you mean by that?

＊答えるときには I mean... でも It means... でも可能。

3 Why do you say that?

＊ do you say があるので、「なぜそのように言うのか」と発言の動機に力点を置くニュアンスになる。

4 Why is that?

＊3よりもシンプルで使いやすい。相手の述べた内容について理由を問う表現。

5 I'm sorry, but I'm not sure what you mean by that.

Unit 3 具体例や詳しい説明を求める

Part 3のUnit2（*p*.141～）では、自らが相手に対して、具体例を出して話したり、より詳しい説明をする表現を紹介しましたが、このユニットでは逆に、相手に対して具体例や詳しい説明を求める表現を紹介します。相手の言っていることをよく理解するために、ここに出てきた表現は欠かせません。

§1 具体例を求める

For example? / For instance?（例えば？）

Like what?（例えば、どんなこと？）

Please give me some examples.
（例をいくつか挙げていただけませんか）

Could you give me a concrete example[some examples of...]?
（具体的な例をひとつ〔～の例をいくつか〕挙げていただけませんか）

For instance, what examples do you have?
（例えばどんな例がありますか）

§2 詳しい説明を求める①

Could you give me a few more details?
（もう少し詳しく説明していただけますか）

Can / Could / Would you be more specific?
（もっと具体的に〔説明して〕もらえますか）

Could you explain more about...?（それについて～していただけますか）

Could you give me more specific information?
（もっと具体的な情報をいただけますか）

Would you please elaborate on that?
（それについて、もっと詳しくお願いできますか）

§3 詳しい説明を求める②

Could you give me more context?
（もう少し背景を説明していただけますか）

Could you tell us more specifically?
（もう少し具体的に話していただけますか）

Please tell us more about what is going on there.
（そこのところはどうなっているのか、もっとくわしくお聞かせください）

Please tell us more about why you made that decision.（あなたがたがそのよう決定を下した理由は何なのか、もっと詳しく教えてください）

Could you share the data?
（＜オンラインミーティングで＞データを共有していただけませんか）

Unit 3 具体例や詳しい説明を求める

§1 具体例を求める

▶ 具体例がほしいと思うことは普通の会話でもよくあることです。具体例を求める表現が言えますか？

1 例えば？

2 例えばどんなことですか？

3 例をいくつか挙げていただけませんか。

4 具体的な例をひとつ挙げていただけませんか。

5 例えばどんな例がありますか。

§1 具体例を求める

57

何に対する例なのかを明確にするには、of を用いて、Could you give us some examples of a new uniform design?（新しい制服のデザインの例をいくつか見せていただけませんか）のように言うことができる。

1 For example?

＊ For instance? とも言える。

2 Like what?

＊口語的でカジュアルな表現。Like...?（どのような？）と、あえて what を言わない形もある。

3 Please give me some examples.

＊ please は付いているが命令文なので、やや相手を追及するニュアンスになる。

4 Could you give me a concrete example?

＊「具体例」は a specific example でもいい。

5 For instance, what examples do you have?

＊ ..., what examples can you give me [us]? とも言える。

Unit 3 具体例や詳しい説明を求める

§2 詳しい説明を求める①

▶ 相手の話を聞いて詳しい説明や具体的な説明がほしいと思ったときに突っ込んでたずねる、強力な武器になる表現の練習です。

1 < give を用いて>

もう少し詳しく説明していただけますか。

2 < specific を用いて>

もっと具体的に説明してもらえますか。

3 < explain を用いて>

御社の２番目のご提案について、さらに詳細をうかがいたいのですが。

4 < specific information を用いて>

もっと具体的な情報をいただけますか。

5 < elaborate を用いて>

それについてもっと詳しい説明をお願いできますか。

§2 詳しい説明を求める①

58

「～を詳しく説明する」は explain...in detail、elaborate on...、go into detail on... が使われる。特にビジネスシーンでは erabolate on や go into detail on を使って、Could you elaborate on that matter? や Could you go into detail on that matter? などと言える。

1 Could you give me a few more details?

＊ a few のかわりに some も使える。

2 Would you be more specific?

＊文末に about it を付けてもよい。

3 Could you explain more about **your second proposal?**

＊ I'd like to ask you more about... と言ってもよい。

4 Could you give me more specific information?

＊ more の直前に some を加えてもよい。

5 Would you please elaborate on that?

＊「詳述する、詳しく説明する」の意味の elaborate は自動詞なので、普通このように on または upon を伴って用いられる。

§3 詳しい説明を求める②

▶ 相手に詳しい説明や具体的な説明がほしいと思ったときに突っ込んでたずねる表現の練習です。バリエーションを覚えましょう。

1 < context を用いて>

もう少し背景を説明していただけますか。

2 < specifically を用いて>

もう少し具体的に説明していただけませんか。

3 < what is going on を用いて>

そこのところはどうなっているのか、もっと詳しくお聞かせください。

4 < why を用いて>

あなたがたがそのような決定を下した理由は何なのか、もっと詳しく教えてください。

5 <オンラインミーティングで>

データを共有していただけませんか。

§3 詳しい説明を求める②

59

わからなかったところを示して、もっと詳しく説明してほしいと言う場合には、I didn't get the part about web analysis data. Could you be more specifically?（ウェブ分析データの部分がよくわかりませんでした。もっと具体的に説明していただけますか）などと言うことができる。

1 Could you give me more context?

＊ context は「背景、前後関係」の意味。give を用いる点に注意。

2 Could you tell us more specifically?

＊ more の直前または文末に、about it をつけてもよい。

3 Please tell us more about what is going on.

＊ what is going on は「起こっていること、何が起こっているか、どうなっているか」の意味。

4 Please tell us more about why **you made that decision.**

＊ why you made that decision の部分を why you decided that と言い換えてもよい。

5 Could you share the data?

＊ share the data on the screen と言えば「データを画面共有する」の意味になる。

Unit 4 相手と自分の言っていることを確認したいとき

話している途中で、話がかみ合っていないことに気がつくことはままあることです。その場合、自分の理解があやふやなのもしれないし、相手が誤解している場合もあるかもしれません。ここでは自分や相手の理解を確認したり、相手が誤解していることがわかったときに訂正する表現を見ていきましょう。

§1 自分の理解があっているかどうかを確認したいとき

Do you mean (to tell me)...? (〜だということですか)

You said..., is that right? (〜だとおっしゃいましたよね)

Let me make sure I understand correctly what you said. (おっしゃったことを正しく理解しているかどうか確認させてください)

You mean X, right? (Xのことですよね。あっていますか?)

Can I just confirm that I understand?
(私が理解していることを確認させていただけますか)

§2 自分が言っていることを相手が理解しているか確認したいとき

Are you with me? (わかりますか?)

Do you follow me? / Are you following me?
(わかりますか?)

Do you know what I mean?
(私の言いたいこと、わかりますか?)

Does it make sense? (わかりますか?)

Am I making myself clear (to you)? (わかりますか?)

§3 相手が誤解したと感じたとき

I'm afraid you misunderstood me.（私の言ったことを誤解されているようですが）

You may have misunderstood me. (I meant...)（誤解したかもしれない。〔私は～のつもりでした〕）

That's not what I meant.
（私が言いたかったことではありません）

That's slightly different from what I wanted to say. Please let me explain it again.
（私の言いたかったことと微妙にちがいますね。もう一度説明させていただけますか）

Excuse me, but that's not what I meant. I wanted to say (that) you should take a little more time to consider it.
（すみません、それは私が言いたかったことではありません。私はもう少し時間をかけて検討してみたら、と言いたかったのです）

§1 自分の理解があっているかどうかを確認したいとき

▶ まずは相手の言っていることを、自分が本当に理解しているかどうかを確認するための表現の練習です。

1
< Do you mean...? を用いて >

あなたは異動をしたいということですか。

2
< You said..., is that right? を用いて >

あなたはその仕事を引き受けてもよいとおっしゃいましたよね。

3
あなたがおっしゃったことを私が正確に理解しているかどうかを確認させてください。

4
< You mean..., right? を用いて >

トロロではなくてトトロ、ですよね。

5
< confirm を用いて >

私が理解していることをちょっと確認させていただけますか？

§1 自分の理解があっているかどうかを確認したいとき

60

ストレートに確認する言い方には、Do you mean...?（あなたは～のつもりですか？）や You said（あなたは～だと言った）/ You mean（あなたは～のつもりだ）に、..., is that right?（そうですよね）や、..., right?（ですよね）のような念を押す表現を最後につけるパターンがある。

1 Do you mean **you want to transfer**?

＊ Do you mean...? は相手の意図や発言の趣旨を確かめるときに用いる表現。

2 You said **you took the job,** is that right?

＊この ..., is that right? は念押しの役割を持つので、..., didn't you? と付加疑問文に変えてもよい。4 のように ..., right ？だけでもよい。

3 Let me make sure I understand what you said correctly.

＊ make sure は confirm 一語でも表現できる。

4 You mean **Totoro, not Tororo,** right?

5 Can I just confirm that I understand?

＊文末に correctly を付け加えてもよい。

§2 自分が言っていることを相手が理解しているか確認したいとき

▶ 今度は逆に、自分が言っていることを相手が理解しているかどうかを確認したいときの表現です。「わかっている」という答え方もついでに覚えましょう。

1
< with を用いて>
A: わかりますか。
B: はい、わかりましたよ。

2
< follow を用いて>
A: わかりますか。
B: はい、話についていってますよ。

3
< what I mean を用いて>
A: 私が言いたいこと、わかりますか。
B: はい、わかってます。

4
< make sense を用いて>
A: わかりますか。
B: もちろんです。

5
< make myself clear を用いて>
A: わかりますか。
B: はっきりとわかります。

§3 自分が言っていることを相手が理解しているか確認したいとき

61

「わかった?」を表す表現には、やさしい単語を使った英語らしい表現が多い。「わかっている」とセットにして覚えよう。わからないときには、I don't get it.（わかりません)、You've lost me.（ついていけません)、That went over my head.（さっぱりわかりません）などと言える。

1 A: Are you with me?

B: Yeah, I got you.

＊ be with... は「～の話を理解できる、～の話についていける」の意味の口語表現。

2 A: Are you following me?

B: Yes, I follow.

3 A: Do you know what I mean?

B: Yeah, I got it.

＊ know のかわりに see を使っても同じ意味。

4 A: Does it make sense?

B: Absolutely.

＊ make sense は「意味を成す、話の筋が通る」の意味。逆は That doesn't make sense.。

5 A: Am I making myself clear?

B: Crystal clear!

＊ crystal(-)clear は「非常に明瞭な、疑問の余地のない」の意味。

§3 相手が誤解したと感じたとき

▶ 相手がどうも自分が言いたことを誤解しているようだと気がついたとき、誤解を修正するために使う表現です。

1 私が言ったことを誤解されたようです。

2 あなたがたは誤解されているかもしれません。

3 それは私が言いたかったことではありません。

4 私の言いたかったこととは微妙にちがいますね。もう一度説明させてください。

5 すみません、私が言いたかったことはそうではありません。私は**もう少し時間をかけて検討してみたら、**と言いたかったのです。

§3 相手が誤解したと感じたとき

62

相手が誤解していると感じたときには、端的に That's not what I meant. や I didn't mean that. と言ってもよい。また、ストレートな You misunderstood me. の前に、否定的なことを言うときの前置きである I'm afraid を言ったり、may や might を使って断定的なニュアンスをやわらげてもよい。

---

1 I'm afraid you misunderstood me.

＊ I'm afraid...（～だと思う）には話者にとってよくないこと、否定的な情報が続く。

---

2 You may have misunderstood me.

＊ may have... のかわりに might have... が使われることも多い。might のほうが丁寧でソフトなニュアンス。

---

3 That's not what I meant.

＊ I didn't mean that. とも言える。

---

4 That's slightly different from what I wanted to say. Please let me explain it again.

＊ slightly のかわりに a little でもよい。

---

5 Excuse me, but that's not what I meant. I wanted to say **(that) you should take a little more time to consider it.**

＊ What I wanted to say was this.（言いたかったことはこうですよ）も可。

Unit 5 話題をコントロールしたいとき

話題を導入したり、変更したり元に戻したり、避けたりしたい表現を知っておくと、会話を主体的に進めることができます。

§1 話題を導入したいとき

Listen. / Look.（聞いて / 見て）

Do you know what happened (to...)?
（〔～に〕何があったかわかる？）

You may not believe something like this could happen, but it did.
（こんなこと、信じられないかもしれないけれども、本当なんです）

I just thought of [remembered] something.
（ちょっと思ったんですが）

Did I tell you about...?（～のことは言ったっけ）

§2 話題を変更したいとき

By the way（ところで）

Speaking of...（～と言えば）

That reminds me of something.（それで思い出したんだけど）

While we're on the subject (of...)（〔～の〕ついでに言いますが）

Let's move on to the next issue.（次の話題に移りましょう）

§3 話題を元に戻したいとき

Let's get back on track.（話を元に戻しましょう）

I'm sorry, but that seems a little off topic.
（すみませんが、それは本題とはあまり関係がないように思われます）

What were we talking about? Oh, yes,...
（何について話していたんでしたっけ。そうそう）

Seriously, though / All jokes aside（冗談はさておき）

It seems that we are wandering off (the) topic. Let's get back to the point.
（本題から外れてしまっているようですが。話を元に戻しましょう）

§4 話題を回避したいとき

I'd rather not talk about that.（それは話したくないのですが）

Let's not even go there.（その話はやめよう）

I'd rather not discuss that topic.
（その話はあまり触れたくないですね）

Let's drop it. That's too personal.
（その話はやめておきましょう。あまりにも個人的なことなので）

It's a long story, so let's change the subject.（長い話になるので、別の話題にしましょう）

§1 話題を導入したいとき

▶ Part 2 の Unit 1 のフォーマルな表現と違い、カジュアルな会話の中で相手の注意を引いて話題を導入する表現の練習です。

1 ちょっと聞いて！

2 あの後、何があったかわかる？

3 こんなことになるなんて信じられないかもしれないけれども、本当なんです。

4 ちょっと思ったんですが。

5 彼からのメールの件は言ったっけ？

§1 話題を導入したいとき

63

会話のはじめに相手の注意を引くカジュアルな表現には、Hey, listen!、You know what?、Guess what.、Look. などがある。このように言われたら What? と返せばいい。2 の Do you know what happened after that? には I don't know. What happened? と興味をもって聞き返せば会話がスムーズに進む。

---

1 Hey, listen!

＊軽い感じで You know what? や Guess what? とも言える。Look.（見て）と言って注意を引くこともできる。

---

2 Do you know what happened **after that?**

＊「あのミーティングで何があったかわかる？」なら Do you know what happened at [with] that meeting? と言える。

---

3 You may not believe something like this could happen, but it did.

---

4 I just thought of something.

＊この something は「あること」の意味。

---

5 Did I tell you about **the e-mail I got from him?**

＊ the e-mail he sent me と言ってもよい。

§2 話題を変更したいとき

▶ ここでは話題を変更したいときに使えるさりげないカジュアルな表現から、ミーティングなどで使えるややフォーマルな表現まで練習します。

1 ところで、追加でお話ししたいことがあります。

2 コスモ社と言えば、最近、新しいアプリをリリースしましたね。

3 それで思い出したんだけれども。先週お願いしていた件はどうなりましたか。

4 この話題が出たので、ついでに言いますが、基幹システムのメンテナンス体制を再考したほうがよいのではないでしょうか。

5 今はここまで。では次の話題に移りましょう。

§2 話題を変更したいとき

64

by the way は話題を変えたいときに気軽に使える。speaking of... も、「～と言えば」という意味で、会話の中に出てきた語句から、急に何かを思い出して、話題を変えるときに使える。また、同様な流れの中で speaking of which も「そう言えば」の意味で使うイディオム。「噂をすれば」という意味もある。

1 **By the way, there's one more thing I'd like to talk about.**

＊ By the way, ... は「そう言えば」というニュアンスの表現で、直前の話の内容をきっかけとして話題を変える場合に使われる。まったく無関係の話題を持ち出すときには To change the subject, ... を用いる。

2 **Speaking of Cosmo Company, they recently released an English conversation app, didn't they?**

3 **That reminds me of something. What happened with that thing I was asking about last week?**

4 **While we're on the subject, I think we should reconsider maintenance for the core system.**

5 **That's it for now. Let's move on to the next issue.**

＊ issue のかわりに topic でもよい。

§3 話題を元に戻したいとき

▶ ここでは主にミーティングなどのときに使える、脱線した話題を元に戻したいときに使える、ややフォーマルな表現を練習しましょう。

1 話を元に戻しましょう。

2 すみませんが、それは本題とはあまり関係ないように思われます。

3 何について話していたんでしたっけ。そうそう、テレワークの導入についてでした。

4 冗談はさておき、テレワークをやってみてどうでしたか。

5 本題から外れてしまっているようです。話を元に戻しましょう。

§3 話題を元に戻したいとき

65

1のLet's get back on track.のtrackは「進路、軌道」。get back on trackで「軌道に戻る」つまり「話を元に戻しましょう」の意味になる。trackのかわりにtopicを用いることもできる。2、5のoff topicはoff trackとも言える。軌道を外れることを表すので「話がそれる」場合に使える。

---

1 Let's get back on track.

＊ Let's get back to the point. とも言える。

---

2 I'm sorry, but that seems a little off topic.

＊ off topicは「話題からそれて」の意味。反対はon topic（本筋を外れない）。stay on topic（脱線せずに話す）のように使われる。

---

3 What were we talking about?
Oh, yes, **about working from home.**

---

4 All jokes aside, **how was working from home?**

＊ Seriously, though とも言える。

---

5 It seems that we are wandering off (the) topic. Let's get back to the point.

＊ wander off...は「～から外れる、フラフラと迷子になる」。

§4 話題を回避したいとき

▶ ここでは、あまり触れられたくない話題を避けるときに言う表現と、そう言われたときに返す表現をセットで練習しましょう。

1
A: それについては話したくないのですが。
B: わかりました。

2
A: その話はやめとこうよ。
B: 了解。

3
A: その話はあまり触れたくないですね。
B: わかりました。

4
A: その話はやめておきましょう。あまりにも個人的なことなので。
B: そうですね。

5
A: 長い話になるので、別の話題にしましょう。
B: わかりました。

§4 話題を回避したいとき

66

1と3で用いられている I'd rather not do は「～したくない」という気持ちを表す。I wouldn't like to do も同様な意味。2の Let's not go there. は文字どおりでは「そこに行くのはやめよう」だけれども「そんな話はやめよう」という意味になる。このように言われたら「わかった」と返事するほかない。

---

1 **A:** I'd rather not talk about that.

B: Understood.

＊ I woudn't like to talk about that. でもいい。

---

2 **A:** Let's not (even) go there.

B: Gotcha.

＊ Gotcha. は口語的な表現で、I've got you. の発音を綴ったもの。

---

3 **A:** I'd rather not discuss the topic.

B: I see.

＊ discuss は talk about... に言い換えられる。

---

4 **A:** Let's drop it. That's too personal.

B: I hear you.

＊ I hear you. は「そうですね」とか「言いたいこと、わかります」の意味。

---

5 **A:** It's a long story, so let's change the subject.

B: All right.

Unit 6 割り込み

ネイティブ同士が話し始めると、なかなか会話に割り込めず、疎外感をもったりするものです。話に割り込むときの表現はしっかり覚えておいて、会話の仲間になるために是非活用したいものです。

また、割り込まれそうになったときに、ここで扱う表現を覚えておけば、毅然とした対応ができ、言いたいことをしっかり最後まで言えるでしょう。

§1 話に割り込みたいとき

Sorry to interrupt you, but may I add a word (here)?
(お話し中すみませんが、ひとこと付け足してもいいですか)

Excuse me for interrupting, but I'm afraid you're misunderstanding a little bit.
(お話し中すみませんが、少し誤解されているようです)

Excuse me, but may I ask you a question?
(すみませんが、質問をしてもよいですか)

May I interrupt you (for) a moment?
(少し割り込ませていただいてもよいですか)

Sorry for interrupting. I need to say just one thing.
(お話し中のところすみません。ひとことだけ言わせてください)

§2 話に割り込んでほしくないとき

Could you hold on a minute?

（ちょっと待ってくださいませんか）

Here me out, please.

（どうか聞いてください）

Excuse me, let me finish.

（どうか最後まで言わせてください）

Sorry, I wasn't finished. Can I continue?

（すみません。まだ言い終わっていないのですが、続けていいですか）

I wasn't done speaking. Let me continue.

（話はまだ終わっていません。続けさせてください）

§1 話に割り込みたいとき

▶ 英語での話に割り込むのは、日本人である私たちには特に難しく感じるかもしれません。話に割り込むときに使える便利な表現をここで練習しましょう。

1 お話し中すみませんが、ひとこと付け足してもいいですか。

2 お話し中すみませんが、少し誤解されているようです。

3 すみませんが、質問をしてもよいですか。

4 少し割り込ませていただいてもよいですか。

5 お話し中のところすみませんが、ひとことだけ言わせてください。

§1 話に割り込みたいとき

67

英語のネイティブ同士が話し始めたときに、その話の中に割り込んでいくのは、私たち日本人にとっては難しい。しかし言うべきことはきちんと言いたい。このようなときに、下に挙げたような慣用表現を使って、自分が言うべきことをしっかり準備した上で、話の中に割り込もう。

1 Sorry to interrupt you, but may I add a word here?

＊ interrupt (you) のかわりに、butt in（口を挟む）という口語表現も使える。

2 Excuse me for interrupting, but I'm afraid you're misunderstanding a little bit.

3 Excuse me, but may I ask you a question?

4 May I interrupt you (for) a moment?

＊ a moment は時間が短いことを伝える表現。a second や a minute とも言える。

5 Sorry for interrupting. I need to say just one thing.

§2 話に割り込んでほしくないとき

▶ §1 とは逆に、自分が話しているときに割り込まれてそれを拒否したいときの表現の練習です。これらの表現を使って毅然とした態度を取りたいですね。

1 ちょっと待ってくださいませんか。

2 どうか聞いてください。

3 どうか最後まで言わせてください。

4 すみません。まだ言い終わっていないのですが、続けていいですか。

5 話はまだ終わっていません。続けさせてください。

§2 話に割り込んでほしくないとき

68

ネイティブ同士の会話では、誰かが話している途中で別の人が話に割り込んでくるようなことは普通に起きる。最後まで話したい、話に割り込んでほしくないときに、相手にかける言葉はある程度毅然としたものにならざるを得ない。下の５つの表現のそれぞれのニュアンスをつかんで、相手にストップをかけて最後まで話せるようにしたい。

1 Could you hold on a minute?

＊ hold on は「待つ、持ちこたえる」という意味。「電話を切らずに待つ」という意味でもよく使われる。

2 Hear me out, please.

＊この out は「最後まで、完全に」という意味。Hear me out. で「私の話を最後まで聞いてくれ」。

3 Excuse me, let me finish.

4 Sorry, I wasn't finished. Can I continue?

5 I wasn't done speaking. Let me continue.

Unit 7 つなぎ言葉

言葉が出てこないとき、私たちは「ええと」とか「何だっけ」などと、思わず英語で話している途中に日本語でつぶやいてしまうことがあります。

しかしネイティブスピーカーの人たちだって、いつもスムーズに言葉が出てくるわけではありません。§1で紹介する表現は、フィラーと言って、ためらったり、さまざまな理由で言葉が出てこなかったりしたときに、あいだをつなぐつなぎ言葉です。つなぎ言葉には種類がいろいろあります。1種類だけではなく、複数のつなぎ言葉をつなげて間を持たせます。英語で会話をするときには、言葉が出なくて苦しくなったときにも日本語でつぶやかずに、何か表現を思いつくまで、英語のつなぎ言葉をならべてつないで、間をもたせる工夫をしてみてください。

§2では、もっと具体的に「(英語で) 何と言っていいのかわからない、とつぶやく表現です。こう言われたら相手は助け船を出してくるでしょう。会話は自分だけで完結しなくてもよいのです。

§1 ためらいがあったり、すぐに言葉が出てこないとき

Well, let me see.
(ええ、そうですねえ)

Let's see...the thing is...
(そうですねえ……何が言いたいかというと～)

Well, I mean... you see
(その、つまり……ほら)

Let me think.
(考えさせて、そうですねえ)

you know,
(ほら、あのね、ご存じのように)

§2 適切な表現が思いつかないとき

I can't think of the right expression.

(適切な表現が思いつきません)

What should I say?

(何て言ったらいいのでしょう)

How should I say it in English?

(それを英語でどう言ったらいいんでしょう)

In this case, I don't know how to say it [what to say] in English.

(こう言う場合、英語でどう言えばいいのかわかりません)

The name is on the tip of my tongue!

(名前がここまで出かかっているんですが)

Unit 7 つなぎ言葉

§1 ためらいがあったり、すぐに言葉が出てこないとき

▶ つなぎ言葉はいろいろありますが、1個だけではなく、複数重ねて使えれば時間が稼げます。つなぎ言葉を重ねて時間を稼ぐ練習をしましょう。

1 う～ん、そうですね……ミーティングを金曜日に変更してはどうですか。

2 そうですねえ、何が言いたいかというと……締め切りに間に合わせるには時間が足りないと思います。

3 ええと、つまり……、いいですか、これが私たちが恐れていたことです。

4 そうですねえ……課長とは話してみましたか。

5 ご存じのとおり、彼は頑固ですが、あなたをとても尊敬しているんです。

§1 ためらいがあったり、すぐに言葉が出てこないとき 69

日本語の普通の会話でも、言葉に詰まることが度々ある。英語で話すのであればなおさらだ。言葉に詰まったときに最も避けたいのは、日本語で「えーと」とか「う～ん」などと言ってしまうこと。つなぎ言葉はひとつだけ使うのではなく、複数並べて使ってもよいので、英語での間をつなぐコツをマスターしよう。

1 Well, let me see. **How about changing the meeting to Friday?**

2 Let's see... the thing is... **I don't think we have enough time to meet that deadline.**

＊ The thing is... は元々「重要なのは～だ、ポイントは～だ」の意味。

3 Well, I mean... you see, **this is what we were afraid would happen.**

＊この you see や 5 の you know には、相手に助け舟を求めるニュアンスがある。

4 Let me think... **Have you tried speaking with the manager?**

5 You know... **He is tough, but he respects you very much.**

§2 適切な表現が思いつかないとき

▶ 適切な表現が思いつかない場合、ここで示した表現が言えると、相手から適切な表現が返ってくるかもしれません。

1 適切な表現が思いつきません。

2 < what を使って>
なんて言ったらいいのでしょう。

3 < how を使って>
それをどう言ったらいいのでしょう。

4 英語でどう言えばいいかわかりません。

5 ここまで名前が出かかっているんだけど。

§2 適切な表現が思いつかないとき

70

コミュニケーションはひとりでするものではなく、相手との相互作用。自分がわからなくても「何と言っていいかわからない」と投げかけることによって相手からの助けが期待できる。遠慮なく、相手を頼って下記に示された言葉を投げかけてみよう。

1 I can't think of the right expression.

＊この think of... は come up with... と、expression は word(s) と言い換えることもできる。

2 What should I say?

3 How should I say it?

＊say のかわりに explain（～を説明する）も使える。最後に in English を付け加えると「英語でどう言ったらいいか」の意味になる。

4 I don't know how to say it in English.

＊how to say it のかわりに what to say とも言える。また冒頭に In this case（こういう場合）などとつけてもよい。

5 The name is on the tip of my tongue.

＊nameのかわりにwordだと「ここまで言葉が出かかっているんだけれども」。

Unit 8 あいづちをうつ

このユニットでは、相手が話しているときに、「自分はちゃんと聞いているよ」というサインを送り、気持ちよく相手に話してもらうためのあいづちを扱います。同調するばかりではなく、「そうかな」「本当ですか」と相手の話に疑問を呈するあいづちもあります。いろいろなパターンのあいづちが使えるようになれるといいですね。

§1 相手の話に同調するあいづち

I see.（なるほど）

Right.（そうですね）

Did you?（そうですか）

Oh, yeah. / Uh-huh.（そうですか）

Exactly.（確かに）

§2 相手の話に同調する That's を用いたあいづち

That's right. / Yes, that's right.
（そうですね / そう、そうですね）

That's true.（確かに）

That sounds good / nice.（いいですね）

I see. That's why.（なるほど。だからですね）

That makes sense.（そういうことですね）

§3 相手の話に同調するそのほかのあいづち

So do I.（私もです）

Neither do I.（私もです）

Yes, I think so too.（私もそう思います）

That must have been tough.（それは大変でしたね）

You can say that again.（そのとおりです）

§4 そのほかのいろいろなあいづち

I don't think so.（そうは思えませんが）

Really. / Really?（確かに / 本当に？）

Is that right?（そうなの？）

Maybe.（そうかもね）

Not necessarily.（かならずしもそうではないですよ）

Unit 8 あいづちをうつ

§1 相手の話に同調するあいづち

▶ ここでは相手の話に同調して返すあいづちの練習をします。いろいろなバリエーションで言ってみましょう。

1
A: 彼は 5 分ほど遅れると言いました。
B: わかりました。

2
A: そのプロジェクトについて話すのを忘れていました。
B: そうですね。

3
A: 昨日、就職の面接に行ってきました。
B: そうですか。

4
A: ランチタイムじゃないですか。
B: そうですね。

5
A: 彼女は少しも笑いませんね。
B: 確かに。

§1 相手の話に同調するあいづち

71

3のあいづちのしかたに注意。相手の言ったことばを受けて、例えば過去形の went であればそれを did で受けて Did you?（そうですか）と短く返している。主語が He (She) で現在形であれば Does he (she)?、主語が You で同じく現在形であれば、Do you? と前の文の主語と動詞の形によって変化させればよい。

1 A: He said he will be five minutes late.

B: I see.

＊ I see. のかわりに OK. でもいい。

2 A: We forgot to talk about the project.

B: Right.

＊ That's right. または You're right. が完全な形。

3 A: I went to a job interview yesterday.

B: Did you?

＊ただのあいづちで、相手に話の先を促すニュアンスがある。

4 A: Isn't it lunch time?

B: Oh, yeah.

＊ Uh-huh. とも言う。

5 A: She never smiles.

B: Exactly.

＊ Indeed. だと「まったくだ」のニュアンス。

§2 相手の話に同調する That's を用いたあいづち

▶ §1と同じく、相手の話の同調するあいづちですが、ここでは「That's + 形容詞」や「That + 動詞」など、主語がThatのパターンを練習しましょう。

1
A: あなたは新しい秘書のかたですね。
B: はい、そうですね。

2
A: 来年またトライできるじゃないですか。
B: 確かに。

3
A: 週末、ハイキングに行きます。
B: それはいいですね。

4
A: 今朝、歯医者に行ったんです。
B: なるほど。だからですね。

5
A: 上司は私たちは直接話すべきだと言いました。
B: なるほど。

§2 相手の話に同調するThat'sを用いたあいづち

72

That's...を使った表現はバリエーションが豊富だ。That's right.、That's true.のように、That'sの後には形容詞がくる。悪い知らせを聞いたときの定番表現That's too bad.（残念でしたね）やThat's incredible.（信じられない）もある。That sounds nice.もniceのかわりにgreat、wonderful、goodなどの形容詞が使える。

---

1 A: Are you the new secretary?

B: Yes, that's right.

＊ Yesは言わなくてもよい。あるいはYes, I am.とストレートに応答することもできる。

---

2 A: You can try again next year.

B: That's true.

---

3 A: I'm going hiking this weekend.

B: That sounds nice.

＊ niceのかわりにfun、good、greatなどさまざまな形容詞が使える。

---

4 A: I went to see a dentist this morning.

B: I see. That's why.

＊ That's why.の後にはyou came in late（出社が遅れた）などが省略されていると考えられる。

---

5 A: The boss says we should talk in person.

B: That makes sense.

＊ That makes sense.は相手の発言内容に納得を示すときの応答表現。

Unit 8 あいづちをうつ

§3 相手の話に同調する そのほかのあいづち

▶ 相手の言った言葉に対して「私もです」などいろいろな返しの言い方を中心に、「それは大変でしたね」「そのとおりです」といった表現も練習しましょう。

1
A: 夏休みが楽しみです。
B: 私もです。

2
A: 私はメモを読まなかったですよ。
B: 私もです。

3
A: それはうまく行ったと思いますよ。
B: 私もそう思います。

4
A: 昨夜は本当に遅くまで仕事をしていました。
B: それは大変でしたね。

5
A: 締め切りに遅れなくてよかった。
B: そのとおりです。

§3 相手の話に同調するそのほかのあいづち

73

「私も」と同調する場合、So do I. の do、Neither did I. の did のように、直前の相手の言った文の時制によって左右され、現在形であれば do、過去形であれば did となる。So do I. は、So did I.、So am I.、So have I.、So was I. などのように動詞の種類によっても変化する。否定のときには So を Neither に変えればよい。

1 **A: I look forward to the summer holidays.**
B: So do I.

＊ Me too. とも言えるが、Me too. のほうがカジュアル。So do I. のほうがビジネスなど幅広いシチュエーションで使える。

2 **A: I didn't read the memo.**
B: Neither did I.

＊ Me neither. でもよい。

3 **A: I think that went well.**
B: Yes, I think so too.

＊ A がその後に Don't you think so? と続けたら「あなたもそうは思わない？」という意味。

4 **A: I worked really late last night.**
B: That must have been tough.

＊この must は「～にちがいない」の意味。

5 **A: I'm so glad we didn't miss the deadline.**
B: You can say that again.

＊ You can say that again. は「そのとおりだ」の意味の強い同意の表現。

§4 そのほかのいろいろなあいづち

▶ ここでは §1 から §3 とは逆に、相手の言ったことに対して、疑いの気持ちや、そうではないと思う気持ちなどを表す応答のしかたを練習します。

1
A: 彼は病気なの？
B: そうは思えないけど。

2
A: 彼、1 週間休んだのよ。
B: 本当に？

3
A: 彼らは最近別れたって聞いたよ。
B: そうなの。なぜ？

4
A: 緊急事態宣言が延長されるかもしれない。
B: そうかもね。

5
A: いつだっていいものは高い。
B: そうともかぎりませんよ。

§4 そのほかのいろいろなあいづち

74

ここでは相手の言葉に同調できないあいづちを紹介する。I don't think so.（そうは思わない）、Really?（本当に？）、Are you sure?（確かですか？）、Is that true?（本当ですか？）、Maybe.（そうかもしれませんね〔確率は低い〕）、Not necessarily.（そうとも限りません）、Not always.（必ずしもそうではない）などがある。

---

1 A: Is he sick?

B: I don't think so.

＊ I (don't) think so. は自分の見解を言うときの表現。

---

2 A: He took a week off.

B: Really?

＊ Are you sure? も「本当に」とか「本当にそれでいいんですか」の意味。

---

3 A: I heard they broke up recently.

B: Is that right? Why?

＊ Is that true? や Are you sure? も使える。

---

4 A: The state of emergency could be extended.

B: Maybe.

---

5 A: Good things are always expensive.

B: Not necessarily.

＊ necessarily のかわりに always でもよい。

トレーニング

このパートで学んできた表現を自分で使えるようになるためのトレーニングをしましょう。

英文の流れを理解しながら、日本語の指示を手がかりに、適切な英語の語句や文で各空欄を埋めてください。

解答を終えて、英文の全体の意味を確認できたら、下記の手順で、流れの中でポイントを自分のものにする音声トレーニングをやってみましょう。

① 音声を聞いて内容が把握できるか確認しましょう。

② 音声を聞きテキストを見ながら声に出して読んでみましょう（パラレルリーディングと言います）。特にキーポイントになっている部分に注意して読んでみてください。

③ 自然に読めるようになったら、テキストを閉じて音声についていくように声に出して言ってみましょう（シャドーイングと言います）。最初は音声についていくだけでいいですが、最終的には内容を理解して意味を伝えるつもりでシャドーイングしてみましょう。

④ Ｂのパート、Ａのパートの順にロールプレイをやってみましょう。

1 職場の同僚ふたりがプレゼンの準備について意見を交わしています。

75

A: Would you mind helping me, Dave?

B: Sure.

A: I'm having trouble making my presentation.

B: Let me take a look.

A: Thanks.

B: ❶ (　　) (　　) using more images?

❶ how を使って提案しよう。

A: What do you mean?

B: ❷ (　　) (　　) using fewer words and more visual aids.

❷ suggest を使って提案しよう。

A: I see.

B: You will be speaking, right?

A: Right.

B: Then ❸ if (　　) (　　) (　　), I'd only use images.

❸相手の立場に身を置くと仮定してアドバイスしよう。

A: That way they can listen to me while looking at clear visual aids.

B: Exactly.

A: I should ask for your advice more often!

B: Ha ha. I'm happy to help.

A: I appreciate it.

B: Hey, it's lunchtime.

A: Good. I'm hungry.

B: Let's get out of here.

2 職場の同僚ふたりが契約交渉について話しています。 76

A: Hi, Bob. How was the meeting?

B: It didn't go very well.

A: ① (　　) (　　) (　　)?

B: We haven't signed a contract yet.

A: ② (　　) (　　) (　　) (　　). I thought everyone was in agreement.

B: I thought so too. But they decided they don't like some of the details.

A: ③ (　　) (　　)?

B: They disagree with our pricing, for one. They want us to go lower.

A: ④ Do you (　　) (　　) (　　) (　　) they want all that work done on a tight schedule for less money?!

B: Apparently...

A: What exactly did they say?

B: They simply said the price is a bit too high.

A: There's no way our boss will go any lower.

B: ⑤ (　　) (　　) (　　) (　　) (　　)?

A: I think he mentioned that we've already gone as low as we can.

B: I see.

A: But you should speak with him about it.

B: Definitely.

A: Good luck!

B: Thanks.

❶ why を使って相手の真意を確認しよう。

❷ confused を使って、話についていけないことを伝えよう。

❸ what を使って具体例を求めよう。

❹ mean を使って、自分の理解が正しいか確認しよう。

❺ why を使って相手の発言の意図を確認しよう。

3 職場の同僚ふたりが資料作りについて話しています。

77

A: OK. Let's finish editing this document.

B: Do you know what happened to me yesterday? The power went out during my presentation!

A: Seriously?

B: Yeah. First, Jeff was late, but ❶ let's (　　) (　　) (　　)...

A: Oh my...

B: Then, my computer wasn't working properly, and then the power went out.

A: For how long?

B: About 15 minutes.

A: Gosh. ❷ (　　) (　　) (　　) (　　) (　　).

B: ❸ (　　) (　　) (　　) (　　) (　　).

A: Anyway, ❹ let's (　　) (　　) (　　) (　　).

B: Right. This document!

A: I think we can make it a bit more concise.

B: I agree. This explanation here is a bit confusing as well.

A: ❺ Let's see... (　　) (　　) (　　) that we need to provide a lot of details.

B: ❻ (　　) (　　).

A: How about I rewrite it tonight and we can discuss it more tomorrow?

B: That sounds good.

A: All right. I'll see you tomorrow.

B: See you tomorrow. And thank you!

❶ not を使って、いったん持ち出した話を撤回しよう。

❷ tough を使って相手に同情・共感を示そう。

❸ 相手のコメントに同調するあいづちを打とう。

❹ 話題を元に戻そう。

❺ 適切な言葉を探しつつ、要点を導こう。

❻ true を使って相手に強く同調しよう。

解答・日本語訳

1

A: 手伝ってくれないかしら、デーブ？
B: いいよ。
A: プレゼンの準備に、てこずっているの。
B: 見せてくれる？
A: ありがとう。
B: ❶ (How about) もっと画像を使ったらどうかな？
A: どういうこと？
B: ❷ (I suggest) 文字を減らして視覚資料を増やすことを提案するよ。
A: なるほどね。
B: 君がしゃべる予定なんだよね？
A: そうよ。
B: なら、❸ (if I were you) もし僕が君だったら、画像しか使わないだろうな。
A: そうすれば、みんな、明確な視覚資料を見ながら私の話を聞いてくれるかもしれないわね。
B: そのとおり。
A: もっと頻繁にあなたに助言を仰ぐべきね！
B: ははは。役に立ててうれしいよ。
A: 助かるわ。
B: あれ、昼休みだね。
A: そうだわ。おなかが空いた。
B: 外に出よう。

2

A: あら、ボブ。会議はどうだった？

B: あまりうまくいかなかったよ。

A: ❶ (Why is that) どうして？

B: まだ契約を結べずにいるんだ。

A: ❷ (I'm a little confused) ちょっと混乱しちゃうわ。全員が合意したと思ってたけど。

B: 僕もそう思ってたよ。でも、先方は細かいところがいくつか意に反すると判断したんだ。

A: ❸ (Like what) 例えばどんなところ？

B: ひとつには、こちらの値付けが気に入らない。もっと下げてほしいと思ってるんだ。

A: ❹ Do you (mean to tell me) つまりこういうことかしら、向こうはあれだけの仕事をきついスケジュールを押して終わらせたいのに、費用は減らしたいと？

B: らしいね……。

A: 正確にはどう言ってたの？

B: 単に、価格がちょっと高過ぎるって。

A: うちの部長がこれ以上下げるはずないわ。

B: ❺ (Why do you say that) どうしてそう言うんだい？

A: すでに下げられるだけ下げたって言ってたと思う。

B: そうなのか。

A: でも、相談してみたほうがいいわよ。

B: 確かにね。

A: 頑張って！

B: ありがとう。

3

A: よし。この文書の編集を終わらせよう。

B: きのう私に何があったと思う？ sa プレゼンの最中に停電が起きたのよ！

A: マジ？

B: そう。そもそもジェフが遅れて来たんだけど、❶ (not go there) その話はやめておくわ……。

A: やれやれ……。

B: それで、私のパソコンがうまく動かなくなってて、そこへ停電が起きたの。

A: どのくらいの時間？

B: 15 分くらい。

A: うへ。❷ (That must have been tough) それは大変だったね。

B: ❸ (You can say that again) まったくだわ。

A: ともあれ、❹ (get back on track) 話を戻そう。

B: そうだわ。この文書ね！

A: もうちょっと簡潔にできると思うんだ。

B: 私もそう思う。このあたりの表現も、ちょっとややこしいし。

A: ❺ (the thing is) そうだな……重要なのは、詳しい情報をたくさん盛り込む必要があるってことだな。

B: ❻ (That's true) そのとおりね。

A: 僕が今夜書き直すから、明日さらに話し合うっていうのはどう？

B: よさそうね。

A: よし。じゃあ、また明日。

B: 明日ね。どうもありがとう！

田中茂範（たなか　しげのり）

PEN 言語教育サービス代表、慶應義塾大学名誉教授。
コロンビア大学大学院博士課程修了。NHK 教育テレビで「新感覚☆キーワードで英会話」（2006 年）、「新感覚☆わかる使える英文法」（2007 年）の講師を務める。また、検定教科書「PRO-VISION English Communication」（桐原書店）、「New Rays English Communication」（いいずな書店）の代表編者。JICA で海外派遣される専門家に対しての語学研修の諮問委員会座長を長年務める。著書に『コトバの〈意味づけ論〉」—日常言語の生の営み』（共著 / 紀伊國屋書店）、『[増補改訂版] 日常まるごと英語表現ハンドブック』（共著 / コスモピア）、『表現英文法 [増補改訂第 2 版]』（コスモピア）などがある。現在、PEN 言語教育サービスで教材開発、中高の英語教育プログラムのプロデュースを行っている。

慣用表現力で話す！ 語順マスター英作文 実践

2021年7月15日　第1版第1刷発行

監修：田中茂範
編：コスモピア編集部
編集協力：岡本茂紀
校正：高橋清貴

装丁：松本田鶴子

英文作成・校正：ショーン・マギー

表紙イラスト：オフィスシバチャン
本文イラスト：ctoelg/iStockphoto, stick-figures com/iStockphoto

発行人：坂本由子
発行所：コスモピア株式会社
〒151-0053　東京都渋谷区代々木4-36-4　MCビル2F
営業部：TEL: 03-5302-8378　email: mas@cosmopier.com
編集部：TEL: 03-5302-8379　email: editorial@cosmopier.com

https://www.cosmopier.com/
https://www.kikuyomu.com/
https://e-st.cosmopier.com/

印刷：シナノ印刷株式会社

本書へのご意見・ご感想をお聞かせください。

本書をお買い上げいただき、誠にありがとうございます。

今後の出版の参考にさせていただきたいので、ぜひ、ご意見・ご感想をお聞かせください。（PC またはスマートフォンで下記のアンケートフォームよりお願いいたします）

アンケートにご協力いただいた方の中から抽選で毎月 10 名の方に、コスモピア・オンラインショップ（https://www.cosmopier.net/）でお使いいただける 500 円のクーポンを差し上げます。（当選メールをもって発表にかえさせていただきます）

https://forms.gle/3GQCJgR7cmcfiMTj6